周蓓 主编

『民國專題史』叢書

(日)長谷川如是閑 著

彭信威 譯

河南人民出版社

日本現代史

本書以世界爲背景敘述了日本自明治維新以來六十年間(1868-1928)的歷史，詳細論述了明治維新的意義和改革情況、啓蒙時代的思想及運動、中日戰後日本國民的變化、一戰後世界各國思想和政治格局對日本的影響

圖書在版編目(CIP)數據

日本現代史 / (日)長谷川如是閑著;彭信威譯.
—鄭州 : 河南人民出版社, 2016. 10
(民國專題史叢書 / 周蓓主編)
ISBN 978-7-215-10461-7

Ⅰ. ①日… Ⅱ. ①長… ②彭… Ⅲ. ①日本-現代史 Ⅳ. ①K313.4

中國版本圖書館 CIP 數據核字(2016)第256613號

河南人民出版社出版發行
(地址:鄭州市經五路66號 郵政編碼:450002 電話:65788063)
新華書店經銷 河南新華印刷集團有限公司印刷
開本 710毫米×1000毫米 1/16 印張 17
字數 125千字
2016年10月第1版 2017年1月第1次印刷

定價 : 110.00圓

出版前言

中國現代學術體系是在晚清西學東漸的大潮中逐步形成的。至民國初建，中央政治權威進一步分散和削弱，加之新文化運動帶給國人思想上的空前解放，新學的啓蒙，新知識分子的産生，民國學術如草長鶯飛，進入一個自由而蓬勃的時代。中國傳統學科乃中國學術之根基與菁華所在，民國學人采用『取今復古，别立新宗』之方法，引入西方的學術觀念，積極改造，使史學、文學等學科向現代學術方向轉型。此外，大力推介西方社會科學的新學科和自然科學，在學習、借鑒乃至移植西方現代學術話語和研究範式的過程中，逐漸建立中國現代學科，使中國的學科門類迅速擴展。一時間，新舊更迭，中西交流，百花齊放，萬壑争流，開創了中國現代學術的源頭。

伴隨知識轉型和研究範式轉换而來的，還有學術著作撰寫方式的創新。中國古代的著作向來以單篇流傳，經後人整理匯編後，方以成册成集的面目出現并持續傳播。直到十九世紀末，東西方的歷史編撰體裁不外乎多卷本的編年體、紀傳體和紀事本末體等，章節體的出現標志着近代西方學術規範的産生和新史學的興起。章節體具有依時間順序，按章節編排；因事立題，分篇綜論；既分門别類，又綜合通貫的特點。以章、節搭建起論述之框架，結構分明，邏輯清晰，較傳統的撰寫體裁容量大、系統性强。它的傳入，使中國現代學術體系從内容到形式被納入了全球化的軌道。民國時期專題史的研究、譯介、編纂、出版恰恰是在這樣的背景下欣欣而發，是學術的實驗場，也是歷史的記録儀。編選『民國專題史』叢書的初衷正是爲了從一個側面展示中國學術從傳統向現代過渡的歷史進程。

專題史是對一個學科歷史的總結，是學科入門的必備和學科研究的基礎，也是對一個時代艱深新鋭問題的解答，是學術研究的高點。民國專題史著作中，既包含通論某一學科全部或一時代（區域、國别）的變化過程的，又囊括對一時代或一問題作特殊研究的，還有少部分是對某一專題的史料進行收集的。原創與翻譯并重，翻譯的底本大多選擇該學科的代表著作或歐美大學普及教本，兼顧權威性和流行性，其中日本學者的論著占據了相當比重。日本與中國同屬東亞儒家文化圈，他們在接納西方學術思想和研究模式時，已作了某種消化與調適，從思維轉換的角度看，更便于中國借鑒和利用，他們的著作因而被時人廣泛引進。

與當代學術研究日趨專業化、專門化、專家化的『窄化』道路迥乎不同的是，中國傳統學術崇尚『學問主通不主專，貴通人不尚專家』的通識型治學門徑，處于過渡轉型期的民國學術在不同程度上保留了這種特徵。民國學術大師諸學科貫通一脉，上千年縱横捭闔之功力自不待冗言，外交家著倫理政治史、文學家著哲學史、化學家著戰争史等亦不乏其人，民國專題史研究呈現出開放、融通、跨界撰述的特點。與此同時必須看到，自晚清以來，中國的命運就在外侮屢犯、内亂頻仍的窘境中跌宕彷徨，民族存亡仿若命懸一綫。這股以創建學科、總結經驗、解决問題爲指歸的專題史出版風潮背後，包裹着民國學人企望以西學爲工具拯民族于衰微的探索精神，及以學術救亡的愛國之心。梁任公曾言：『史學者，學問之最博大而最切要者也，國民之明鏡也，愛國心之源泉也。』這種位卑未敢忘憂國的歷史使命感和國民意識是今人無法漠視和遺忘的。

『民國專題史』叢書收録的範圍包括現代各個學科，不僅限于人文社會科學，學科分類以《民國總書目》的分科爲標準，計有哲學、宗教、社會、政治、法律、軍事、經濟、文化、藝術、教育、語言文字、中國文學、外國文學、中國歷史、西方史、自然科學、醫學、工業、交通共19個學科門類。本叢書分輯整理出版，内不分科，單本發行，方便讀者按需索驥。既可作爲大專院校圖書館、學術研究機構館藏之必備資源，也可滿足個人研讀或興趣之收藏。

與目前市場已有的一些專題史叢書相比，『民國專題史』叢書具有規模大、學科全、選本精、原版影印的特點。本叢書選目首重作者的首創、權威和著作影響力，尤其注重選本的稀見性。所謂稀見，即建國後没有再版，且多數圖書館没有收藏，或即便有收藏，也是歸于非公開的珍本之列予以保存，普通讀者難以借閲。部分圖書雖有電子版，但作爲學術研究的經典原著讀本，紙質版本更利于記憶和研究之用。本叢書精揀版本最早、品相最佳的原版圖書作爲底本，因而還具有很高的版本收藏價值。

『民國專題史』的著作是民國學者對于那個時代諸問題之探究，往往有獨到之處，無論其資料、觀點短長得失如何，要之在中國現代學術史的構建與發展進程中，自有其開宗立論之地位。

以世界爲背景的日本現代史目錄

第十三章　大戰後的和平主義……一九〇

——和平會議和日本——

第一章　明治維新的意義

一　幕末財政的逼迫

近代文明國的日本以明治維新而誕生了。明治時代建設了這新日本，同時赫赫的世界的大日本亦是出現於這時代。

明治的五十年間比較起歐洲各國的文明發達的路程來，至少要值幾個世紀、日本國民在這時代的一大飛躍實是世界人類所同樣驚嘆的。

在這意義上，明治初的變革實是政治及社會的大革命。自賴朝的霸府開在鎌倉以來，先後七百年的日本的封建制度根本被推翻了，一邊實現王政復古，同時亦實現了政治法律社會經濟等各方面的人類生活的革命，一洗舊習而創設了新社會秩序。

那樣歷史上稀有的大變動亦决不是偶然的，現在且來考究牠的由來。

德川幕府二百六十年的鎖國自給自足政策大體上成了功，明治以後日本產業貿易的發展亦是在這時代的極端的保護政策的恩惠之下收了很大的效果。現今被認爲日本重要物產的生絲及砂糖等是顯著的例子。

助長國內產業的發達保全國家經濟獨立的自給自足主義只能夠維持到某種程度；但隨着國家經濟的膨脹和國民生活的向上發展，到底不能永久支持這政策。自給自足經濟多適用於依據土地的村落經濟時代；在還沒十分認出勞働的價値，因此人口集中的傾向亦不很顯著，都市還沒有發達的資本主義制生產組織的幼稚時代實行了。

在這時代，以各藩爲區劃各自在自給自足主義之下，以封土內的交通交換爲主，經營着獨立了的經濟生活。但到了幕府政治的末期，人口的增殖自然地增加了商人的數目，各種經濟活力的明顯的進展，使這種經濟制度不能照樣地維持下去；卽，舊來的土地資本的勢力已移到工商業資本上，而活用於產業界及政治界，一邊勞働力當作生產要素的價值越漸增大。這在元祿享保的時候的有識者的眼裏大概已經很明白了。西川如見在『町人囊』裏這樣說着：

『古時候商人比農民低，但後來天下使用金銀，天下的金銀財寶都集於商人，有時竟爲貴人所召喚，所以品位竟高於農民了；何况百年以來，天下太平，儒者，醫者，歌道者，茶湯風流的諸藝者多是出自商人。』（町人囊第一卷）

這卽是記述從自給自足的村落經濟推移向以交通交換爲主的都市經濟的，因此亦明示着從來被輕蔑作賤商人的商業資本的所有者，及商人階級的社會地方的向上的傾向。

這狀況的最顯著而且具體的出現，是幕末時代的幕府及地方藩主的財政難，在這時期，江戶（卽東京）及大阪的商人階級漸成新興的波淇窪（資產階級）勢力而抬頭了。幕府屢屢徵收所謂『御用金』（臨時向領內徵收的），諸藩亦倣着做，各藩以收入的米爲抵當，關於金融都依賴大阪的商人，因此各藩在大阪的商人之前亦不得不低頭，大阪商人的實力遠駕過武士，而占了最高的社會地位。

『元正間記』裏描寫大阪淀屋的驕奢的生活，說這淀屋（大概是一個大商店）承西方三十三國的諸侯們的囑託，各諸侯可以說沒有一個不向那淀屋借錢的；爲了金錢的威勢，竟使各諸侯不得不向比他們位低的人低頭。這書（元正間記）描寫當時的情形，極其明瞭。

二　王政復古和維新的中心動力

那幕府當局亦爲了要轉換這向着衰亡的局面而焦慮，一邊依賴着商人的金融以維持一時，同時亦痛感到幕府財政的根本整理的必要。因此一方先要涵養地方民力，他方必須使各藩的財政有餘裕，很奬勵土地的開懇和鑛山的開鑿，而且屢屢發布奢侈禁止令以戒驕奢，結果竟連私人生活亦干涉起來了，由此亦可以察知當局者的苦衷。

然而那樣消極的彌縫策到底還是不能阻止大勢的去向而挽回頹勢。

即，時機已由農業經濟移向工商業經濟，農業資本主義移向工商業資本主義了，適應於生產力的經濟社會的實現已成爲必要了。

德國學者卡爾·馬克思一八五九年在『經濟學批判』的序文裏說明着這原理：

『物質生活資料的生產方法決定社會政治及精神生活道程的一般性質。幷不是人的意識決定其社會的存在，寧可說是人的社會的存在決定意識。

社會的物質生產力在某時期變得和現在的生產關係相矛盾；……這關係從生產力發展的形式變得成爲生產力的障礙。於是就來到社會革命的時期。』(Zur Kritik der Politischen Oekonomie von Karl Marx. herausgegeben von Karl Kautsky S. LV)

時代永遠在動着。所以幕末的狀勢亦不得不受這原理所支配。嘉永六年，美國軍艦的渡來，國內論爭得很厲害，由先覺們所熱心唱道着的尊王賤霸的議論很普遍地滲透了人心，而成爲強烈的國民的吶喊，繼而局面急激地進展到幕府的打倒，似乎全國民在熱望着新社會制度的出現，猛烈邁進。

這改革的中心動力是好久就對幕府政治抱了不滿的薩長兩藩部下的下級武士，這是帝都一部分傑出了的公卿等，所以明治的革命并不像從來外國的革命一樣，是被壓迫階級的民衆的蹶起，而只是中央一部分指導者的政治革命，所以不能將封建制度倒壞後必然會來到的社會革命徹底地純化，不能實現完全的自由主義及民主主義。

但明治維新若從形式上觀察起來，牠的主義是以尊王討幕始終一貫，以道義爲進退，光明正大地向着目的邁進。大政奉還了，在天皇新政之下，組織了明治政府，以很大的英斷脫了舊制度而期根本社會秩序的刷新，完全面目一新，但朝廷仍原是爲封建制度以來的特權階級的一分子所佔據，於是成爲藩閥政府而掌握政權，一方在民間亦隨着新組織國家的形成而移向都市經濟，進展到資本主義經濟的時代，但這亦和前面一樣，中心勢力被幕末時代的下級武士出身的野心家所壟斷，他們和閥族政府提攜，通明治大正兩朝之間，保持了那特異的勢力。

這樣看來，我們不得不痛感到：世界人類的政治文化雖同樣地是向着民主主義的大潮流前進，但尚有由各國的國情和國民的傳統生出來的特殊的事情，常常强有力地阻礙那進路。

三 法國大革命及英國的立憲政治和明治維新

現在稍來考察一下曾在法國倒壞了封建制度，形成了民主主義的近代國家組織，而給了全世界以重大的影響的法國大革命。

西歷一七八九年七月十四日發端於巴黎市外的巴思梯由牢獄的襲擊的那大革命，是世界人文史上新紀元的事件，牠的由來很深遠，發源於文藝復興時代的思想精神。自從那動亂的勃發以來，用莫大的犧牲換來的自由平等博愛爲基礎的民主主義，成爲近世歐美各國文化的眞髓；到二十世紀，經過了那人類一大試鍊的世界大戰，暗示了正在向着新方面展開的人類社會的命運。

而且這革命的當事者以很大的熱心希望着法國國民得到的自由能普遍地傳播到別的

國家去，而使那國民亦同樣地得由因襲的桎梏裏解放出來。

在適虔博斯的名著『近代文明史』裏這樣說明着：——

『革命已經是對着君主專制國的一敵對行爲。憲法會議宣布了的人權宣言，并不單是法國人的權利，而是全人類的權利。

法國對於承認市民的權利，已做了一個模範，而希望各國亦同樣地去做。法國雖不顧用軍隊去抑壓國民的自由，但對於國民要獲得自由的努力便忍不住要去援助。

隣國的人民對於那政府抱有不滿，而想求解放的，許多法國人替他們盡了力；因爲法國人以爲自由的時代不應限於法國境內。』(Ch. Seignobos. Histoire de la Civilisation contemporaine. p. 123.)

在那樣理想之下，以那種意氣相終始的大革命，在法國竟將所謂舊制度根本地推翻，變革國內的一切制度組織，實現政治社會和道德的新社會。這革命給與德國英國或美國等的影響亦非常大，但在這些國家裏，法國後來所實現的那種政治上的自由主義及民主主義到十九世紀末葉才得實現，比法國後得多。

譬如英國，自十三世紀由國王約翰(John)署名了的大憲章(Magna Charta)發布以來，很久就有議會制度的歷史，尤其是經過了在法國大革命的百年前，一六八九年的所謂名譽革命（Glorious Revolution），代議政治雖確立了，但一般民衆參與政治的權利幾乎沒有被承認，仍和封建制度一樣，是地主貴族等跋扈着，極其專橫。從十八世紀到十九世紀的前半發生的政治運動，都是以普通選舉權的獲得爲主要目的。

最重要是那有名的憲法運動（Chartist Movements）。該運動從一八三七年延到一八四八年，是斷續舉行了的，是世界最初由了無產階級的政治和社會的大運動。那綱要是下面這六條：

一，附選舉權於一切成年男子

二，選舉區域須平等。

三，投票皆不記名。

四，每年開議會。

五，對於衆議院議員的資格，廢止財產上的條件。

六，議員得享有報酬。

不幸那運動爲當局者的強制的壓迫政策而屏息了，但那可敬的努力已足夠喚醒人心，那功績在一八六七年及一八八五年的兩次選舉法的改正，結了實果，於是才達到了普通選舉的實施。

再看起日本的明治維新來，當然，并不和在英國一樣有政治的傳統，自然會發生；亦不和法國革命一樣：是民衆對着少數特權階級的橫暴的奮起躍動；從社會上看起來，在革命的中心勢力裏，可以認出重要的不同點來，這是前面已說過的。

革命的主要原因是在於中央政廳的財政上的逼迫，因此對於下層階級的誅求一年比一年厲害，對於這事的不平和怨聲是重要的動機，這一層，也許多革命是以經濟爲主要原因的一點，很容易明白；但在日本，形成當時的下層階級和被壓迫階級的多是無知識的農民，完全缺少像法國第三階級一樣的階級自覺，所以還不能得着某種刺激，或在共同宣言之下一致團結着捲起民衆的大運動，作爲革命的原動力去奮鬥。

歐洲自中世紀十字軍以來，東西的交通很頻繁，都市亦漸發達，那時工商階級亦已苦於領主或國王的誅求苛斂；但從十三世紀到十四世紀，工商階級很顯著地抬頭了，那是由於大同團結的力量。北歐的喊沙同盟，中歐的萊茵同盟，南方地中海沿岸都市的同盟等，都有一種隱然的大勢力。

卽法國革命，基爾德黨代表這工商階級演了重大的一幕。但當時的第四階級還沒有階級的自覺，只在工商市民階級的指導之下活躍着。

日本的維新當時，第三階級的商人，在實力上雖已凌駕過武士等，而且竟有許多能左右他們，但正當着維新，沒有任何表面的活動，只援助勤王各藩，而使其終於成就大業，後來各藩和明治政府的關係亦是發端於這裏。

這事實是明治維新的特點，是斷定那文化史的意義的要點。

因此，在日本可以稱作是最初的民衆運動的應當是：約十二三年後，盛行於全國，以板垣退助和河野廣中等爲中心的民選議院設立運動及自由民權獲得的運動。

這些事實是明治維新和海外各國的革命不同之點，牠的當然的歸結：維新後的成果裏留下有很困難的事實。

而且，只有這特點才是判斷明治維新的意義的重要事實。

第二章　明治的新政

一　大政奉還和明治新政府的樹立，舊制度的根本改革

關於德川慶喜的大政奉還，有種種議論；但他當幕末維新的動亂時，亦常有堅持之處：超越了紛紛的議論，從着大勢的推移而斷行了他的所信，可以說是一個偉丈夫，所以不應當只將他解作是阻害明治新政的發展的人。不過可惜只伴有這光明正大的志向，而缺少果斷敏速的實行，以致壞了名譽。

在勤王的各藩中，關於幕府的政權返上有兩種議論：一種是以爲想要剝奪幕府三百年的大權決不是容易的事，若只憑口舌則終於恐怕會失了時機，所以必須訴於兵力；這是薩藩的西鄉和大久保等的意見。他們因此早就計劃薩長的大合同。土佐的山內氏那時

雖亦同樣在京師畫策過，但該藩受了德川氏的大封，對幕府的關係和毛利，島津氏等不同，不能全然同意於他們的主張而議討幕的事。後來容堂公考慮過，想將事態穩便地解決，於慶應三年十月十四日派他的臣子後藤象二郎，福岡啓次，神山佐多衞等送建白書於幕府。於此，慶喜於十二日商酌於幕府閣老以下的人，更示意於各藩的重役。十四日遣桑名侯松平定敬上表奏上政權奉還的事。因爲慶喜很明敏，洞察時勢所向，而明白大義；又能推察出：宇內的形勢是傾向於以皇室爲中心，舉國一致對外的國家主義。

自從賴朝霸府開於鎌倉，天下的政權移歸武門以來，已有六百八十二年；又，自從任德川氏的祖宗家康掌握國內的大權以來，經了十五世，二百六十五年，宇內的政權才又歸復到朝廷，這裏成爲歷史上一個新紀元。

接着明治元年一月，由太政官制組織了明治新政府；在總裁之下，置有議定參與，作爲上議事所；由列藩召集徵士貢士而組成下議事所，於是發了代議政體的端緒。然而才維新後的當時，全國的各諸侯各藩士和一般民衆之間，還少有充分理解王政復古的大精神的，亦沒有國民的自覺，所以不容易預先推察那歸趨。一方、在中央組織了的朝廷及薩長藩，并沒有能以獨力號令天下而足於總攬國家政權的財政的基礎，兵備的實力亦沒有。若一旦發生不滿薩長及其他勤王諸藩的意的事件，或，若他們和朝廷之間勃發了意志的阻隔一樣的事，則政權終不免要爲他人所掌握。

爲要脫免這一切不安或危險，必須及早指導天下的民心，而定其所向；將權力集中於中央，而撲滅地方的實力。英邁的明治大帝於明治元年三月十四日親登紫宸殿，和公卿等祭天神地祇，下了五條詔書，在他偉大的抱負之下，宣誓了施政方針於全國，創始了和民衆共政的新政體，定了長久的國基。其文如左：

一，多開會議，萬機決於公論。

一，上下一心，盛行經綸。

一，官民專心，各遂其心，使人心不倦。

一，打破舊來的陋習，而基於天地的公道。

一，求智識於世界而圖大振皇基。

這五條誓文的文字雖很簡單，但內容則很深遠，敍述了日本建國的大精神，是國民所應當敬服的大教訓，同時那構想亦很雄大，理想很高遠。因爲在思想混亂的當時，很容易能指示牠的所據來；即後世日本立憲政治的發達進步的淵源，亦都可以在這誓文內求得。

明治政府由這大方針而進到建設時代，但屢有反動的兵變，費了許多犧牲，明治十年西南之役結束了將近百回的戰亂。卽在那時，新政府亦以大英斷去改廢各種制度而努力於新社會組織的確立。當時的指導者有木戶，大久保，山縣，西鄉，板垣等人。明治元年閏四月將幕府的舊領地併合於朝廷的直轄地；更於二年正月有薩長土肥連名關於版籍奉還的事，全國大小諸侯亦相次奏請版籍的奉還，乘這集會而實行中央集權，終於明治四年四月發出了廢藩置縣的勅詔，於是定了向着新制度去的根基。

同年八月井上馨做大藏大輔時，由太政官布告而解放了『穢多非人』（『穢多』是在士農工商之下的主於管獸類的屠殺等的下級民，『非人』是乞丐。）這在四民平等的時候固然是當然的，但當時『穢多』有二十八萬多，『非人』有兩萬三百多，皮作等有七萬九千多，總計三十八萬多，是當時社會的一大問題。

這穢多非人的解放，早就萌芽於幕末時代，明治二年三月有許多人關於這事向公議所進言，加藤弘之的建議案非人穢多廢止的事情是其中的一個。明治四年在發出解放令之先，土佐的藩士大江卓造亦關於這事盡了力。他當時在兵庫湊川附近，親見部落民的悲慘的生活狀態，大有所感，於四年一月上京會見民部大輔大木喬任，提出穢多非人廢止的建議，及至被採用，他自己進到民部省，很爲這問題的解決努力過。所以終於在明治四年八月二十八日，成爲太政官布告而出現。內容如左：

明治四年八月二十八日發，第六十一號布告

廢止穢多非人之稱，自今職業與平民同樣。

同時又轉達到各府縣，內容都差不多，約說穢多非人等以後都編入一般民籍，職業都是一樣地看待，關於地租等事可向大藏省(財政部)去交涉。

於是穢多非人得到和平民同樣的權利義務，在政治上是一個國民。

其次的大改革卽是確立了國民皆兵制度而發布了徵兵令的事。這是山縣有朋的功績。明治五年二月分兵部省爲陸軍和海軍兩省，兵部大輔山縣有朋就做了陸軍大輔。同年十一月發佈了徵兵制，由國民皆兵制而定爲由全國民裏召集軍人。許久的封建制度的風習，使人以爲關於軍事是武士所專有的特權，國民還沒有自覺。全國的武士覺得自己的特權將被剝奪，各處都極力反對。然而山縣當時曾遊歐洲大陸，研究過先進國的軍事，而且親見國家主義正在抬頭時的普法戰爭，關於軍事有很大的教養和見識，所以很斷然要確立新制度。

詔勅裏亦說：「戊辰的一新，實是二千多年來的一大變革；當這種時候，陸海軍制亦須隨着時勢而改變，現在本國基於從前的制度，而斟酌海外各國的式樣，設全國募兵法，而樹立國家保護的基礎。……」

此外，在明治初年，涉及政治上經濟上社會上各方面，破了不少舊習，行了不少改革；明治元年有『江戶應改東京』的詔勅，二年即遷了都，定東京爲日本的首都。同年廢了公卿諸侯的稱呼而改作貴族；三年九月允許平民的姓；四年十二月，華士族（即貴族）除了正在做官的人，都可以經營農工商業；更於五年十一月廢了從來的陰曆，而頒行太陽曆；六年二月准許和外國人民的互相婚姻；七年八月禁止當推問罪犯時的拷打；九年三月禁止士民的佩刀等封建時代的差別觀念；排除沒有根據的習俗，面目完全一新。

二　新政府的財政政策

但當要實行這些改正，新政府若沒有鞏固的財政基礎和充分的威信，到底還是不可能的。然而新政府是承繼了財政極窮乏，終於崩壞了的幕府的財政的。去研究應怎樣整理牠，改革牠，而樹立財政的根本策，是非常重要。

政府的人才無論如何多，無論有怎樣豐富的經綸，但根本上沒有財政的基礎時，亦不能移於實際，明治政府的苦心卽在這裏。

當時明治政府的唯一收入是德川氏的朝廷的供地，僅僅不過京畿的三萬石。想以這少額去處理全國，實在傷心。正月十日鳥羽伏見的戰後，發了德川慶喜討伐的命令，同時將德川幕府的直屬地沒收歸新政府，然而還不能立刻徵收租稅；爲要救一時之急，於是採用了由利公正的獻策。

公正在越前藩的時候，曾貸借於領內人民，以獎勵產業，發行過手形（紙幣），收了成效。所以正月在最初的太政官會議裏，提議發行三千萬兩的手形，以爲新政府的急速的資金整理方法。於是同年五月預算只限定通用十三年就改爲正幣，發行了四千八百萬兩的太政官札。但這太政官札發行後不久，紙幣的價值立刻下落，物價更貴。於是新政府的財政政策，只有內外募債的方法了。第一外債是明治三年的鐵路建設費，在倫敦發行英幣百萬鎊，九分利。其次在明治六年以七分利同樣在倫敦募集了英幣公債二百四十萬鎊。國內債則爲了藩債償還，有明治六年的新舊公債；爲了紙幣的償還，有金札兌換公債；七年爲了華士族的家祿處分，有秩祿公債，此外還有起業公債，鐵路及海軍公債等，到明治十二年共發行了五百六十四萬餘圓。新政府的財政是由內外多額的借款所維持着。

然而對於那爲救急而生的借款，必須找出相當的財源以備償還。卽，必須確立租稅制度，而講究收入的方法。於是以廢藩置縣爲前提的地租的根本改正卽應了這要求。

舊政時代的租稅制度有各藩獨立的稅制，尤其是當着幕末的中央及各藩的財政逼迫，弄得亂七八糟，但大體上，地租是徵稅的主要者，用了納米的方法；若歲入不足的時候，另外徵收強制的所謂「御用金」及「冥加金」（爲報答能和平地過生活而上納於領主等的錢）等，這是屬於領主的專權，農民是唯一的租稅負擔者，本田利明說的「胡麻的油和百姓是越絞越出的」，苦於苛酷的誅求，只營着僅免於飢餓的生活。然而時代已變；在明治時代幷不是那樣專制主義。明治四年由廢藩置縣而確立了中央集權政治，又明治五年計畫着全國的土地，區分了官有和民有；承認土地的私有，發下地券，而且可以將牠自由買賣；採用了縣令陸奥宗光的土地租改正意見，和土地的收穫相應，公平地算定和調查地價，以百分之三為地租，而納入政府；改物品納為貨幣納。六年六月廢了石的稱呼；七年七月發了地租改正的詔，而頒布那改正條例於全國；約說，租稅是很要緊的，但從前寬苛輕重很不平等，而從此要公平劃一，頒布地租改正法，使沒有厚薄之弊，民無勞逸之偏。

於是地租的改正由於明治政府的英斷，使全國人民負擔納稅的義務，由於買賣公許而增長土地的改良觀念；又，不管豐年與凶年，只要繳納一定的錢，其餘即能安全地歸為私有，這是日本農業的發達上很重大的興國事業。

三　新政府的開國事情

其次要敍述一下新政府的開國事業。明治的政治，社會，風俗及思想，都隨着外交的發展、受海外各先進國的影響而進化了。

明治政府宣言『向世界去求智識』，一變了舊政時代的鎖國主義而定了開國的國是。卽那些高唱鎖國攘夷的西南各藩，對於開國的大勢，亦沒有一人懷異議的。

明治元年正月十四日，京都政府派遣了東久世通禧到長崎去會見法，英，意，普，美等各國公使，交付了報知大政復古的公文，內容如左：

『日本國天皇，告各國帝王及其臣人，嚮者將軍德川慶喜請歸政權，制允之，內外政事親裁之。乃曰，從前條約用大君名稱，自今而後，當換以天皇稱，而各國交換之職，專命有司等。各國公使，諒知斯旨。（原文）

慶應四年戊辰正月十日　　名璽』

同時亦下詔於國內，宣示了開國的大方針。

隨時勢的進退，和列國親交着，發揮國威於海外，同時在幕府締結的各條約中，想要改正那不得當的，這裏已經發了後年條約改正的端緒。

然而和列國親善的事還沒有徹底到平民去，依然還有主張攘夷的頑固者，終於發生了兩三次外人殺傷事件。朝廷依了島津，細川，松平，山內，淺野，毛利等六人的建議，由天皇親自引見各國公使，不久卽議成了日本派遣使節到外國去的事。明治三年閏十月以來，就派了公使駐到英法普美去，漸次開設了公使館領事館於各條約國，於是一變德川幕府的鎖國主義，而開放門戶，招來明治時代日本文物的急速開發，這是明治新政府果斷的功績。於是，裏面尊奉皇室，外面對着外國的壓迫，一貫地發揮了健鬪的日本民族的精神。

第三章　明治維新前後世界的形勢

一　維新前後的外國文化的影響：十九世紀後半的國家主義强調時代

尊王攘夷是打倒幕府的口號，在天皇的親政之下，樹立了明治政府，同時朝廷的人們很容易地改變了態度而成爲開國主義者。於慶應三年四月十八日由岩倉公發出告文說明開國主義：

> 癸丑以來，朝廷固執鎖國攘夷的主張，滿朝皆將歐美各國看作醜夷；今依了德川慶喜的奏請，准許兵庫開港的條約，自今中外平等待遇。

因爲自從幕末時代以來，日本人和外人接近的機會很多，已深知各外國的文化遠高於自己的，幕末外艦渡來後，愛國心很盛，熱望要建設一個以皇室為中心的新政府，而大叫攘夷，因為這於討幕是最便利的用具；但在一方樹立了新政府，同時，形成了國民的國家的這時，為要吸收歐美各國的新文化，而期國內事物的充實發達，當然會向着開國進取的方針。

這樣，和各外國的交通很頻繁，通商貿易亦很盛，使全國人士隨處得以和各先進國的文化相接觸。他們眩或於海外的文明，尤其是物質文明，一邊輸入各方面的科學新智識，同時又想模倣他國的制度文物。所以從明治六七年到二十年前後是歐化主義的全盛時代，亦可以叫作日本的啓蒙時代。

在這時代，日本的先覺極端崇拜歐美的文化，帶了許多希望去遊歷海外各國，或被派遣作使臣，為那各外國當時的氣運所刺激，接近時代的空氣，觀察大勢，及至受了感化歸國後，又站在重要的位置上指導國民，堅固了國家的根基。

因此，若概觀明治維新當時的世界形勢，再檢查一下日本文化進展的痕跡，就可以明白亦并不是偶然的。

十八世紀末法國的大革命，給了全世界一個大波動，激成各國的自由獨立運動，而成爲要破壞封建制度和進到新政治生活去的世界大潮流的源泉。同時在那前後，發端於英國的產業革命，推翻了生產組織的根底，而開拓了人類經濟生活的行生面，到了十九世紀，大陸各國亦受了那影響，國民生活漸次向上，人口亦近增加，自由競爭的結果而生出貧富的懸隔來，這種傾向越弄越厲害，事業者續出，爲了生活困難，於是生出無產勞動階級來。

對於這社會組織的缺陷，早就現出了高唱改造的社會主義的先驅者。那顯著的具體運動是一八四八年法國的二月革命；但那結果終歸於失敗了，十九世紀中期法國出現了地二帝政，用極端的高壓政策，進到蹂躪言論出版的輿論的反動時代，在普國，士麥漸漸抬頭了，繼續從前的北德意志的關稅同盟，同時普奧戰爭後的經營上，當作帝國主義的政策而新組織了北德意志聯邦；普魯士是盟主，又和南德意志各國結了攻守同盟的約，以備將來。所以一八六〇年以後，站在國民自覺上的民衆的喊聲，早已不是和大革命時代一樣只希求自由解放，而是更向着現實的國民主義及帝國主義的運動，想因此得到自由獨立的收穫。

威爾士在他的歷史大綱（Outline of History, by H. G. Wells, P 504. [illegible] Edition）裏說明着：

「十九世紀國民主義的主要觀念，是各國想要完成牠的主權的正當要求。即，各國排除別國的干涉，而要求總攬國土內的一切。

和這國民主義的唱道同時，在各强國之間，還有別的思想在被宣傳着。就是帝國主義。即，某個有力或進步了的國家，認爲有權能去支配：別的後進國，或政治上沒有十分發達的國家，或還在未開化狀態的國家，或由於謀國民爲別國所支配，對於那國民的保護及通知被認爲是施恩的國家等。國家的着臉中觀念及認爲是國家成功的王冠的「帝國」，支配了歐洲人的政治思想。通十九世紀後年，實是支配了全世界的政治思想的，而且事實上，排除了一切關於人類共同幸福的更廣的思想」因爲，這時代的國家主義的強調（卽向着帝國主義的飛躍），不久卽成爲世界政策上的大競爭，軍備的擴張招來所謂武裝的和平時期，終於在二十世紀勃發了那慘虐的世界大戰。

現在不願將維新當時海外各國的狀態一國一國地詳細來敍述，在明治初頭及其後，朝野的先覺遊歷歐洲，直接接近他們的文明，日本的政治及社會上各種根本改革或新設施受了很大的影響；這裏只以給了那很大的影響的德國，及德法的關係爲中心，來敍述一下。

二　德法的國情和國際關係

德意志帝國是正當日本維新時代才出現於外交界的新興國。從十九世紀末到二十世紀初，完成了帝國統一的大業，堅固牠的基礎，而程強於二十世紀，那時期成爲政治的根底的，是國家專制主義；國家專制主義是德意志統治的基調，除了這主義，幷沒有別的緣故使德國那樣大發展。至於走向這國家專制主義，亦自有原因在。

十八世紀末葉以來德意志國內普通對於古代希臘的生活及文明恢復了興味，而生出一種傾向來，這種傾向以專制政治組織爲理想。又，當時由黑格爾，特來抽客及菲柏爾等哲學者將國家當作神聖的東西去崇拜，這種思想在當時很盛。此外可看作主要理由的，是當時的政治和一般社會的離反，和當時正遭遇着經濟困難的事。有這些事實而要轉換局面，只好使全國用共同的語言，進向國家的團結，由產業的國家集中，對着增加的人口講究輸出獎勵的方策，使其自然地接近了國家專制主義。若還要吟味別的原因，則可以舉出對於鄰國的不斷的侵略所必要的準備，及這些國家反對而阻礙了德意志統一的事實。而且即對於德國在海外的殖民或領土擴張，亦有許多國家盡力阻害。關於前者說起來，從來的交戰都是德國人對德國人的交戰，即夫列德里克大王的功績，雖說含有關於波蘭及奧地利的問題，但結果還是德意志人對德意志人的征服。所以德意志的統一，比起法國等來，是完成得很遲的。

無論在三十年戰爭或七年戰爭，或拿坡崙戰爭，戰場常是在德意志的國土內。同時，維也納會議後，奧國的梅特涅，和克里米亞戰後的拿坡崙三世等阻止德國獨立的陰謀，盛於內外。

再看起世界政策上的德意志來，無論在非洲，遠東，太平洋，都被別的強國所制住了，因此，爲要收相當的效果，而遭遇了許多困難，但德意志國民在那國家專制主義之下，不惜努力和忍耐，終於猛進向目的地而得到意外的成功。

在新德意志建設的創業時代，我們不能忘記俾士麥（Ottovon Bismark 一八一五—一八九八）的功績。

他是卜蘭登堡的貴族，出身於格延根大學，一八四七年才被選爲德意志聯合議會的議員，是保守主義者的一人。後來曾做過駐俄及駐法大使，慢慢地關於德國的將來劃策了的。

一八六一年威廉一世卽了普魯士王的位，次年俾士麥卽被任爲宰相（繼賀恩萊之後）。他曾反對和嘲笑過議會政治，以爲那只是『口頭政治』，以憲法爲『一片紙』，以爲國王的意志卽應當能移轉國家的行爲。他曾誇言：『統一德意志這最大的問題，并不是應當由議論或多數所決定，而只有鐵和血才可以解決。』

當豫算會議時，爲要支辦許多軍費，想徵收多額的稅，他在這種時候亦以斷然的決心，反抗議會，而想達到目的；他說：『豫算案的可決或否決，不成問題，只以國家有存立的必要那事已足夠了，必要卽是權威。』於是他不顧國王，而繼續了他的專擅的高壓政治。他無論受多大犧牲，亦要斷行軍制的改革和軍備的充實，由此而想完成德意志的統一，以這愛國的大決心，在那可驚嘆的勇氣和自信之下，而活用了那有名的鐵血政策。

但當時要達到德國的統一，還須經過許多磨鍊；當面的問題，由希列思韋奚及何爾思坦二公國的事件，就發生了和丹麥的戰爭（一八六四）。

以爲能夠支持兩年的丹麥的砲台，在普奧聯軍六萬精銳之前，只五天就陷落了。結果：締結了加思坦條約，但後來奧國的『條約廢棄』，使那條約消滅了，接着德意志聯邦亦瓦解，這些都是俾士麥的大膽而細心的外交政策的結果。

普國的精兵和新式武器，由毛奇將軍的科學戰法，漸漸更發揮了牠的能力，普奧兩強國的衝突（一八六六），僅僅七個禮拜就把奧軍打敗了。於是哈蒲思堡系一千年來的德意志聯邦統治權，就在這裏告了結束，德意志統一的最大障礙亦除去了。於是在買因河北組織了由二十二國而成的北德意志聯邦(The North German Confede at on 一八六七），普魯士是盟主，又和南德意志各國締結攻守同盟，國勢勃然強盛了。

但在俾士麥的心裏，還有一個為德意志統一所必須除去的強敵，那即是法國。

法國自一八四八年的二月革命歸於失敗以來，大拿坡崙的姪子，路易・拿坡崙得到五百五十萬人的投票，被選作大總統。他就任以來，雖行了些善政。但那不過是為要滿足自己的野心。旋卽由一八五二年十二月的政變，只幾天內，就以國民的最大多數承認他做了皇帝，成為第二帝政時代。

他的專制政治和那奥國宰相梅特涅的反動政策有點相彷，雖有民選的議會，但皇帝在議會內外干涉得很厲害，能夠將議會自由操縱。法蘭西國民由大革命以同胞的血買來的自由平等的精神，現在完全被奪去了。在最尊重言論自由的國裏，言論出版機關，亦極端地被壓迫了。適虛博斯這樣說明着(Ch. Seignobos. Histoire. p. 234)：

『若稍有觸犯了當局的文章，最初政府即對那刊行物發出警告；第二回就中止那刊物的發行，若再有同樣的文章登出來，則完全停止那刊物。從一八五二到五三那十四個月間，有了九十一回警告。只要稍有點批評，立刻就會被警告。』

又說：

『個人的自由，宣言在憲法中。而對於一切評論家却毫不怠慢地以警察力去監視，只要稍有嫌疑就立刻捉拿。』

由此可以推知拿破崙三世的高壓政策，但，一方爲了十八世紀末葉的革命和陰謀，法國政界幾乎不斷地騷擾着，由這種不安的事實，使有那種政策的必要。

他常想着國家，愛國民，以國威的發揚和國民的安寧幸福爲最高理想，爲這理想的實現盡了很大的力。因此國內的秩序亦漸次回復了。關於課稅，是由必要品移向奢侈品；改善軍人的待遇；起鐵路運河的工事，而計交通產業的發達等，大改革了內治，使法國的根基強固，這明明是後日成爲世界强國而活躍的基礎。

然而，雖拿坡崙三世的帝國主義，亦終於成了俾士麥的外交政策的犧牲。拿坡崙三世以前，沒有看透普魯士的野心。而且誤解了牠的實力，以致終於失敗，而招了自國的破滅。在普奧戰爭中，預料普魯士的失敗而守中立，夢想着比利時的合併，對普魯士盡力要好，又反對了德意志的統一等，這些都是拿坡崙三世的投機的外交政策的失敗，所以普法戰爭幷不是法蘭西國民惹起的，而是皇帝自己引起的。

當時三世自墨西哥遠征失敗以來，氣勢不揚，總想用什麼方法恢復國民的信望；他計畫着買收盧森堡公國，但爲了普魯士的反對，而不得不中止。

那時，他乘日本有德川對薩長的內訌，幫助了德川幕府，這是事實。當時法國和幫助薩長的英國相對着，很替幕府盡了力。

但由於發生了那盧森堡公國的問題，和不久又因爲西班牙的王位承繼問題，普法的國際關係非常險惡，所以對日本的干涉終於斷念了，這事實於日本是很有利益的。

於是普法開戰了，四十五萬普魯士的精兵，在毛奇的指揮之下，只兩禮拜間就完全動員了，法軍人數不多，而且非常混亂，武器彈藥亦不充足，又缺乏糧食，勝敗是很明白的。

一八七一年由法蘭克福爾特的條約請和了，法國將亞爾沙士及羅蘭割與德國，還出了十萬萬美金的賠償。

在這戰爭中，普魯士王威廉在敵國的凡爾賽宮殿舉行了德意志皇帝的戴冠式，於是成就了（一八七一年明治三年）德意志統一的大業。

三　德法戰爭後的兩國和日本

由俾士麥的力量建設了的新興德意志帝國，前途非常光明。戰後卽在柏林開聯邦會議，制定新德意志憲法，普魯士王成爲德意志的皇帝，世世掌握帝國大權，關於政治機關則置有代表各聯邦的聯邦參議院(Bundesrath)和帝國議會(Reichstag)，但這些幾乎都沒有自主的政治能力，實際上只依着帝國宰相(Reichs Kanzler)的意旨行事。德意志皇帝雖任免帝國宰相，但那任免並不和聯邦參議院或帝國議會相關聯。又，帝國宰相當作皇帝的代理者而執行政務，只對皇帝才負有責任。

德意志帝國憲法第十五條有這樣的規定：『聯邦參議院的議長席，及事務的指揮，屬於皇帝所任命的帝國宰相。』宰相在普魯士亦有最高實力，所以帝國議會雖是由無記名投票的普通選舉，和人口成比例，公平選出的，但在實際上，德意志是沒有議會的。因爲，議會雖有關於宣戰及休戰的權能，但沒有完全的立法權。一切法案都依隨宰相的意向，若議會拒絕通過，則議會立刻可以被解散，直至得到可決。可是，雖說是宰相，亦多少要受點議會的牽制。

德意志帝國雖在那樣哲人政治主義之下，被建設而統一了，但其後歐洲各國的國際關系，仍原還是很緊張，法國戰敗後，確立了第三共和制，繼行政長官梯愛斯（Thiers），元帥馬克馬安（Macmahon）做了大總統，發布了新憲法，用民主主義去努力於戰後經營，以圖民力的恢復，而還淸欠德國的賠償，新興的勢力，非常旺盛。德國在戰後爲要準備法國的復讐，所以和奧地利締結防禦同盟，而且使意大利亦加入，成立了三國同盟。牠方面，俄國在俄土戰爭（一八七七——一八七八）後的柏林會議，對於俾士麥的政略起了反感，漸次和德國脫離，而接近孤立的法國，終於締結了兩國同盟。於是在歐洲，這兩大國際的系統相對峙着，保持了勢力的均衡。

歐洲的形勢在那樣毫無餘裕的時候，日本正是明治維新後的，破壞舊物，向着新建設的混亂期，所以能完全脫免了這些國家的侵略，沒有被牠們壓迫干涉，而能自由地經過了這多事的時代。

四　英俄意的國情

再轉過來看看英國的形勢；第一章裏已說過，英國早就有了議會制度的發展；但從十八世紀到十九世紀，慶起政治上的解放運動，由此可知民權還沒有十分發達。

一八三二年威格黨（Whig是民權黨，即現今的自由黨的前身）內閣的選舉法大改正，實是英國政治史上的革命。從來的六十八個所謂腐敗選舉區（Rotten Borough）被剝奪了特權，另外加入了二十七個新市府到選舉區裏去，選出議員的人數亦從九四八增加到一五九八，而且是以人口的比例去選舉，所以一般中產階級亦有了政治能力。

此後，英國的個人主義及自由主義的思想，漸漸進到爛熟期，竟風靡了英國的政界約四十年之久。第一步即以上面說過的選舉改正爲不徹底的，而還有改進黨員（Chartist）要使下層中產階級及勞働者們亦得到選舉權的運動；在經濟上則有基於自由貿易主義的穀物條例（Corn Law）廢止運動。後者在保守黨的皮爾內閣時廢止了（一八四六年），前者爲了政府的強制壓迫而歸於衰滅。但不久即成爲自由黨自己的改革運動，經了一八六六年及一八八五年兩次選舉法改正，幾乎將選舉權擴張到和普通選舉一樣。

那時代及以後的英國，是自由黨和保守黨兩大政黨的對立，進步的自由主義的代表格蘭斯頓（Cladstone 一八〇九——一八九八）建設了近代自由主義英國的基礎，一方那侵略的外交政策的帝國主義者狄士鋭利（一八〇四——一八八一）是他的政敵。英國以後不斷地舉行政治上的改革，漸次進向議會政治的理想和自由主義的完成。

俄國，亞力山大二世（一八五五——一八八一）打破了很久的因襲，排除了許多困難，斷然實行農奴解放（一八六一）。同時許可土地私有，所以佔了國土大部分的農耕地漸次趨於繁榮，土地被改良，農產物的輸出增加，國民生活於此得到安定，而強固了近代俄維斯的根基。此外，還大改革了地方行政，准許自治制，打破司法上的祕密主義而創設了以公正爲宗旨的裁判制度。

但後來自用了宰相哥爾恰可夫，復了專制政治，取了侵略主義；終於將那野心延世巴爾幹半島而成爲俄士戰爭。

意大利經了一八五九年到六一年的統一戰爭，志士加里巴爾底和沙爾底尼王的大謀終於成就了意大利王國的建設，一八七一年統一完成了。

一八六三年，波蘭有斯拉夫民族的獨立要求運動；美國這個時代亦經了國家的大難鍊，穩固了後日大活躍的基礎。

五　美國的南北戰爭和門羅主義

美國在一七八三年獨立之後，國勢進步得很快，路易基安那，夫洛里打，特克沙斯等領土急速地擴張了。然而這急激的膨漲，使南北兩州因利害關係生了政治上的大反目，這反目漸次增大。

在北部各州，各種生產業很盛，興起了大都會，使用許多自由人，所以以保護貿易爲有利；南部則是純農業國，使用許多奴隸，經營棉，穀物，煙草等的大栽培，所以以自由貿易爲有利；於是，由於經濟情形不同，在北部有根據的共和黨（Republicans）和在南部有勢力的民主黨（Democrats）關於奴隸問題的爭，一年一年地激烈了。卽從思想上說起來，北部多是由歐洲來的移民，教育普及，知識很發達，是進步的；南部則奴隸很多，是保守的。

所以相反的南北各州當然會互相離反。一八六〇年共和黨的大總領林肯起來了，於是南部各州另外組織聯邦，次年就和北部各州開戰。於此就勃發了那五年的內亂。這一戰，使國土荒廢，死亡很多，國債竟到了二十七萬萬美金。戰爭中林肯大總統發布了奴隸的解放令，戰後由於南北合一的實現，而實行改造，互助精神和國家意識很顯著地發達，成了國運進展的基礎，共和政府的根基亦漸漸更穩固了。

當南北戰爭正烈的時候，法國的拿坡崙三世，乘機干涉內亂後的墨西哥，想在法國的保護之下，建設一大帝國。及至南北戰爭終結，美國根據曾宣言過的門羅主義【註】，向法國抗議，使拿坡崙屈服，達到了那目的。

日本和美國在幕末以來，交涉很頻繁，雖有過許多機會，但牠（美國）奉守門羅主義，大體上是以和平主義的不干涉政策和日本相接，這在當時的日本看起來，不得不說是幸運。

所以，十九世紀後半的二三十年，通全世界，實是自由主義的實際收穫時期，同時，以有某種意義或形式的國民國家問題爲中心，直到十九世紀末，各國幾乎都完全解決了國內問題，而出現了國民本位的新國家。

若將這求自由解放的衝動和向着國民國家的建設的氣運綜合着細想起來，那麼，日本的明治維新大運動亦是策應這世界的大勢，這是不能否定的。同時，海外各國的情形亦間接直接地影響了日本維新後的政治及社會，這層我們只由以後國內文化發達的徑路，思想的變遷，和政治的內容等就可以明白。

【註】門羅主義（Monroe Doctrine）詳於一八二三年十二月二日美國大總統門羅在議會裏發表的諭告書裏。

大旨是這樣：

一，歐洲列強若想扶殖勢力於新大陸的任何部分時，美國即認爲是想藉此擾亂美國的安甯的。

二，美國對歐洲各國的政治問題，沒有關係，但若蹂躪美國國權的時候，則不在此限。

三，美國對於現存於新大陸的歐洲各國的殖民地，并沒有干涉過，而且將來亦決不干涉。

四，但，對於那已爲美國所認爲是獨立了的美大陸各國，若有想干涉或威壓的國家，則美國即取適當的處置。

五，對關於美大陸西北岸地方的俄國的要求，美洲大陸照例依從自由獨立的主義而聲明維持國家。

因此，今後歐洲各國不得將那地方看作牠們的殖民的目的（大類博士的新體西洋史）。

這門羅主義最初適用在對於法國干涉墨西哥的抗議裏。直到現在亦還爲美國所主張着，但內容偶有變更。

第四章　啓蒙時代的思想及運動(上)

一　啓蒙時代的外國文化的移入

明治初的二十年，日本的思想狀態很渾沌，開國以來，還沒有過那樣思想上的混亂錯雜的時代。明治新政府以開國進取去代替尊王攘夷的兩大標語，和列國親近，希圖那文明的移入；內治上，大膽實行階級制度的廢除和特權的剝奪，而鼓吹以皇室爲中心的萬民平等主義。於是在那打破舊習釀成興國的新氣運的時代，爲要支配朝廷要人的頭腦和善導一般國民，於是從事於外國思想的翻譯。但當時崇拜西洋的心，太走極端，幾乎是無限制的盲目的翻譯。從這時代起，到後來成爲歐美先進國(尤其是英美德法)的思想系統；這外來思想的移殖，在當時日本的政治，社會，經濟各方面大大地發揮了，成了以後的明治文化的基調。

一千六百年前，經過朝鮮移入中國文化的日本的祖先，將難解的漢字日本化了，表現了很好的咀嚼力。於是儒教和佛教都和日本固有的文明巧妙地融合了。現在雖在維新後的翻譯時代，大和民族的光榮的傳統，皇室中心的愛國思想燦然地放光明，而成爲達到明治後期的國運興隆的一段階，想起這事，對於那脫了舊套，換上新衣的日本上下進取精神的旺盛，只有驚嘆能了。

德川三百年的封建制度，一下就崩壞，國民的生活上根本地改革了的維新之後，迎合一般人的新思想，當然無論哪一國亦同樣是以脫離了舊時代的束縛的個人主義或自由主義爲中心的。發起於法國的自然法學派的政治上的自由主義，和英國孟却斯德學派的個人主義，間接或直接地移入而達到全盛。後來由德國系統的學者所翻譯了的帝國主義，是站在國民自覺上的理智的個人主義，可以將牠看作是進向着國家主義去了的。

本章是討論政治及經濟思想上的啓蒙運動，所以只講板垣、福島等的民選議院設立運動的政治思想，及福澤諭吉的功利思想，他是當時民間的先覺，以他那最高明的見識，咀嚼歐美的思想文化，而使牠完全成爲自己的東西，指導全國，起了最大的反響。

二　民選議院設立運動和輸入政治思想．，木戶孝允的意見書

明治六年十月二十四日因征韓論的意見不合，明治政府內的武斷派和文治派之間，無端生出裂隙來，武斷派所提出的辭表即日被批准了。於是參議陸軍大將兼近衛都督的西鄉隆盛，參議兼外務省事務總裁副島種臣，參議兼左院事務總裁後藤象二郎，參議板垣退助和參議江藤新平等，由於明治政府最初的內訌而連袂辭職，這些人都是很有人望的，所以給了人心一種不安，而上下騷然。

當時已將主張自由民權的政治思想具體表現了的，是明治七年一月十八日板垣等向政府提出了的民選議院設立建議書；後來和這相關聯的議論非常多。

現在討論這些運動的根底的政治思想，探究牠的發展的徑路而和實際運動的成果相

比較，這是很有趣味的事。隨着岩倉大使遊歷了歐美各國，視察了牠們的政治狀態，而新近囘來了的木戶孝允，對朝廷當局提出了立憲政體促進的意見。

他以爲要用政規典則（卽憲法）的中央集權式立憲政治去統治一國，才可以希望國運的發展；其次又引用了波蘭國內上下軋轢的結果，被俄普奧三國的第三囘爪分而完全滅亡了，其後常起騷擾，一八六三年以來的獨立運動的勃發，亦因爲受了俄國的抑壓而致國力疲弊，貴族和農民的仇怨越弄越深；他以爲這是沒有政規典則的自然結果。更以日本的戊辰年的五條誓文爲準於憲法的，記述歐洲各國的立憲代議政治運用的大略，而痛論日本的現狀還沒有現出文明的實蹟，政務越弄越混亂，還沒有規定政治根基的中心法典。他以爲日本當時最急要的是制定憲法，而這憲法只須在從前那五條之外增加幾項就行了。

在當時的確是高明的意見，關於立憲政體的建設，充滿了懇切的文字，但并沒有感動當時朝廷的要人，亦沒有喚起輿論。

三　板垣，福島，後藤等的運動，德國思想的影響和政府的强壓政策

明治七年爲了朝鮮問題下野了的前參議福島種臣，板垣退助，後藤象二郎，江藤新平及前東京府知事由利公正，前左少議官小室信夫，前大藏大亟岡本健三郎，古澤滋等所提出的民選議院設立的建議書痛論官吏專制的弊害；這種思想當時在民間已很盛。還說明了國民應當有參政的權利：

『人民之所以對於政府有納稅的義務，卽是因爲有與聞那政府的事的權利，這是天下的通論，不待多說的，官吏亦不得反抗。』

這可以說是表示了北美合衆國獨立時所發表於全世界的宣言的主旨『沒有參政權的地方卽沒有納稅的義務』的精神。

『現在那些反對設立民選議院的人說「我們的人民不識不知，還沒有進到開明

的境地，所以現在設立民選議院還早」，臣等以爲若眞是這樣，那麼，能使人民的知識增高而進到開明之境去的方法，正在於設立民選議院；因爲若要使人民有知識，應當先使他們保有權利，使他們自尊自重，……』

他們還反復說明了民選議院的設立，是國民政治教育上所必要的緣故。他們提起一年前的征韓問題來，當時的輿論雖一般是表同情於征韓論，但爲了官吏的專橫，終歸於失敗，因此更痛切感到有代表民意的機關的必要。有些論者以爲這民選設立運動最初幷不是對於立憲政治，公議與論政治的理想，而只是爲征韓問題下野了的政治家們對在朝官吏們的報讎。

又對於『輕率的進步』及『尙早』等議論這樣辯正着：

『所謂「輕率的進步」臣等根本就不懂，若以事出於倉卒爲「輕率的進步」，則民選議院是鄭重的。……這只有證明了不可不設立民選議院的事。所謂「進步」是天下最好的事，萬事都不可沒有進步；那麼官吏們不能歸罪於「進步」二字，其所歸罪的必定止於「輕率的」，但「輕率的」并不和民選議院相關涉。

對於「尙早」二字臣等不但不懂，而且覺得正和這相反；因爲卽現在設立民選議院，恐怕還要等很久才會十分完備，所以臣等正愁着牠成立的太晚。……

官吏們又說「歐美各國現今的議院，并不是一朝一夕所設立的；是漸漸進步着去的，所以我們現在不能立刻模倣。」所謂漸漸進步着去的豈止議院呢？一切學問技術機械都是這樣；然而他們之所以積了百年之久，是因爲以前沒有成規，完全是靠經驗和發明。現在我們揀擇了他們的成規，有什麽不能模倣的？難道我們要等到我們自己發明蒸氣，才用蒸氣機關；要等到我們自己發明電氣的理，然後才去架電線麽？臣等之所以說明現今我國不可不設立民選議院的緣故，和辯論現今我國人民進步的狀態很能適於設立這議院的事，并不是爲要使反對這事的官吏們無所藉口，而是想因此伸張天下的公論，維持人民的公論通義，鼓舞天下的元氣，使上下親近，君臣相愛，振起我帝國，而保護幸福安全。千萬請採用！』

本文的起稿者古澤滋及小室信夫久學於英國，受了英國議院政治的運用和當時參政權擴張的趨勢的刺激，新近歸國，接觸日本的社會及政治狀態，這裏幷沒有和英國一樣的立憲政治，亦沒有完全的輿論政治。倒只是維新當時有功者的兩三個雄藩的專政，由於他們的放肆，毒害更大了。

藩閥政府於維新後的所謂施政方針的中樞，是國家的統一，和國權的對外伸張。國內的統一由於維新後中央集權的各政策的斷行而約略完成了。對於國權的伸張，以爲應當：爲要和海外先進國相對立，失須輸入他們的文明，同時政府對於各方面要取干涉政策；爲要指導國民，不可不行專制政治，以爲以所謂有司專制去指導一般民衆，是使國運昌隆的方法，因此才能發揚國威。

但對那樣的專制政治，必然會發生自由解放運動；在維新後的當時，多用直接行動而起叛亂，後來才變爲言論的辯争。西南戰爭是前者的最後一個；民選議院設立運動是後者的最初的。打倒藩閥政府獲得自由民權的運動，以爲由有司專制去把持國政，決不能使國力充實，國權振興，以爲應當和明治初年約束了的一樣，要以公議輿論的政治去代理。想要改正這政治上的毒害，發生了這反政府運動。

於是民選議院設立的建議書在明治七年一月十八日揭載於『日新眞事誌』了；當時一般民衆對於在野人士的同情，和時代的潮流，忽然聳動了天下的耳目，而起了一個很大的反響。

然而政府因對於他們的優越感和指導地位的確信，不容易贊成，而只以尚早論結束了。

接着副島板垣等想組織愛國公黨，那宣言書亦同樣發表在『日新眞事誌』裏。一讀本文，就很明白這完全是用西洋的政治思想的翻譯文字來主張民權的。內容是：

『天既生出人民來，就附與一種不可移動的權利。那種權利是人人平等的，決不能以人力去移奪。但世運還沒有開的時候，人民很有不能保全那本然的權利的；何況我國這幾百年來，封建武斷制度將人民當作奴隸的餘弊，還沒有完全剗除。若不因此改革，則不能希望我國威的高揚和我人民的富裕。我們由一片至誠，和同志的人相誓，主張我人民的權利，而保全那天賜。這卽是愛君愛國。』

文中所謂權利是指所謂天賦人權，和這相關聯着，那提倡了『社會契約說』，風靡了一世，在世界史上劃了一新紀元的盧梭（Jean Jacques Rousseau 一七一二——一七七八）的思想，影響非常大。法國的中央集權政治弊害最多；相信王權神授一說，將人民待作奴隸。反抗而起的，於是出了許多啓蒙思想家。最後出了盧梭，他不能滿足於將精神活動的全部都由理智去調整，再由此去統率人生一切的前期啓蒙思想；他從這立脚地更進一步，以爲若不歸返到本然的人性，卽赤裸裸的原始去，那麼就不能經營立脚於內生命的眞的文明生活，他的理論的出發點，是感情本位的自然生活和個性的尊嚴。在現在看起來，他所說的固然很幼稚而且很多矛盾，但在當時，美國的獨立戰爭和法國的大革命，可以說是直接受了他的影響，很有足以喚起當時社會狀態及人心的同情的。他在『社會契約論』裏這樣說：

「一切人們决沒有他人以上的天賦權利，力量幷不是生出權利的，所以人類間的一切正當權利的基礎，只存在於契約。」(J. J. Rousseau. "Du Contrat Social." p. 10.)他以爲由治者和被治者所組成的社會，亦是存在於一種社會契約之下的，權利亦是從這裏發生。他又關於專制政治這樣說：

『合法的專制政治，必須在各時代使人民承認牠，而且必須使人民有否認牠的權利，但，若有這種政治，那麼已經不能說是專制了。』(Roussau p. 11.)

約明治六七年的時候，是日本史上空前的言論自由的時代。在這時代，舊來的政治上及社會上的階級制度被廢除了，風靡了新社會的西洋思想的急先鋒，卽是以這盧梭爲主的自由民權要求的思想。

但在當時，亦有人以爲這舶來的自由主義，是使國家的基礎陷於危險的，而想要依隨日本固有的國粹思想前進。

自從關於民選議院設立的建議書發表以來，贊成的人漸漸更多了，議論得很厲害。

那時候加藤弘之站在德國派國家主義的立場上，說時期尙早，同樣在『日新眞事誌』上爭論着，庇護了政府當局。他說：

『仲張天下的公論固然是最好的，但其間有一種難事；卽，公議幷不一定都是高明的；卽在歐美文明開化的各國，尙且或不能免，何況在開化未全的我國呢。』

他亦以爲英國的憲法制度是全歐唯一成功了的。但他國則不能及，尤其是在沒有開化的日本，決不能一同共議國事。

他又說普魯士王(Frederick II 一七四〇——一七八六在位)雖制定憲法，擴張了民權；但沒有興起民選議院，亦是因爲當時普國人民的文化很淺，沒有參與政事的見識。他又引用德國政治學者比德爾曼的學說，以爲應當要有適當於國民生活的政治。

因此，福島後藤板垣等又要古澤滋再做了反駁書。文中多引用彌勒 (John Stuart Mill 一八〇六——一八七三)的主張，駁翻德國流的賢人政治，說明民選議院設立的急要。彌勒是當時在日本很被人研究過的學者，十九世紀後半自由主義爛熟了的英國思想界，彌勒是哲學及經濟學的權威，小時候就受了他父親（有名的政治學者經濟學者吉姆士·彌勒）的教育。在哲學上祖述邊沁的功利主義，經濟學上則屬於孟却斯德學派的人。但對於資本主義經濟的將來，抱了不少疑問，可以說是過渡期的思想家。他的名著『關於自由』（一八五九）及『代議政體論』（一八六一）都早就被翻譯介紹到日本來了，影響於初期的政治思想常非大。就以實際政治家說起來，他晚年（一八六五）被選爲代議士（議員），主張婦人參政權，和由於比例代表的選舉法改正。

古澤滋在英國研究了很久回來，似乎受了當時的自由主義的影響；他排斥德國流的國家主義的專制政治；以英國流的立憲代議政體爲理想，主張日本亦要實行輿論政治。這議論的分歧，後來通明治大正的時代，明確地代表了官僚政治家的立場和以民衆政治爲理想者的立場。

關於民選議院的議論，還有馬場辰猪和加藤弘之的論戰；西周和森有禮等亦議論得很厲害；國內的議論，爲這問題而沸騰了。不久，木戶孝允亦和大久保及岩倉等意見不合而下野；板垣在土佐創立了立志社，愛國社及嶽洋社等，更熱心地唱導自由民權；西鄉囘到鹿兒島去教育子弟；此外，肥後的相愛社，名古屋的羈立社，松江的尙志社，松山的公共社，高松的立志社，常陸的潮來社，磐城的三師社及石陽社等都是爲自由民權的鼓吹，浮浪的武士爲了生活的困難，說不定會隨時起禍亂，政府當局極力防禦。那時候爲要轉換國民的注意，於明治七年五月決定去征伐臺灣，任命西鄉從道爲總司令。牠方又和民權論的急先鋒講論緩和策；這卽是『大阪會議』。

在大阪會議，成立了妥協策，木戶和板垣再加入政府，明治八年四月十四日，發布了關於開設國會的詔勅，設立立法部的元老院，另外設立了大審院，以管審判，但權限非常小，政府的實權仍原還是大久保一派的保守主義者所掌握，繼續那專擅政治，而不進到大阪會議的妥協案的實行去，到底不能使那兩個民權論者滿足。不久在明治十年就成爲西南之役。西鄉的軍隊雖敗，但反政府熱更厲害了，民權自由的思想運動不停地進行着。

於是保守政治的政府，就放出最後的手段了。對於民權運動取高壓的干涉政策。在民間，爲要對抗這高壓政策，亦想以全國的結社而組織橫斷的大結社。明治十三年二月茨城縣的民權運動者二十一名集合於筑波山，結合該縣裏的八十萬人，去請求開設國會；同年，在大阪成立了國會期成同盟會，集合幾萬人，舉行了國會開設的大示威運動。

不久，木戶死了，大久保被暗殺，外務卿兼大藏卿的大隈和伊藤博文是政府的中心人物。這時候發生了那有名的『北海道官有物拂下事件』。爲這事件，藩閥政府和大阪商人間的醜惡關係暴露了，寡頭專制的攻擊，和民權自由獲得的必要論，同時向政府迫進，民論不停地沸騰着。後來，有點進步思想的大隈及他的一派都辭官下野，以大隈爲中心的矢野文雄，犬養毅，尾崎行雄，島田三郎等的一團，計劃組織政黨。

政府不能阻止潮流，只好希望和緩人心，於是在十四年十月十二日宣布了於明治二十三年開設國會的旨詔。

明治十五年二月伊藤博文等爲憲法制度的調查，去遊歷歐洲各國，去求海外學者的意見。他們在德國深深地受了鐵血宰相俾士麥的影響，前章已說過，當時新興的德意志，很和日本的國情相彷，目擊那官僚主義和軍國主義的國家專制政治，受了感化，又聽了斯太因，格乃斯特等的憲法論，結局變作極端的國家主義者歸國。

當時日本有受了法國思想的影響，主張急進的自由黨，以板垣和松田等爲中心；和這個對着，有以那下了野的大隈爲中心的前島，北島，犬養和尾崎等比較穩健的提倡英國式的代議政體的立憲改進黨。此外全國各地政治的結社非常多，想代表民論和政府對抗的政黨的勢力，自然地興隆了。主張德國式的官僚政治的政府，看見這形勢，於是在明治十五年三月暗命福地源一郎等去組織立憲帝政黨的『御用黨』和民黨對抗，一方斷行伴着警察權的高壓政策，想撲滅民黨。

屢發集會條例或新聞條例等，壓迫言論，束縛運動的自由，但因此在全國各處，必然地發生反動運動，叛逆陰謀和暴動等亦相繼起來，政府更亂用權力，極力取締。福島事件，高田事件，飯田事件，名古屋事件，靜岡事件，大阪事件和秩父暴動等屢起，社會陷於極度的混亂狀態。這時代（明治十五年——十七年）的高壓政治，是想壓制正在萌芽於民間的自由精神的，可以說是明治的恐怖時代，的確是日本立憲史上的一大汚點，同時亦傳播了以後不容易拔去的病根。

正要擡頭的民衆結社，自由改進兩黨和帝政黨都在十七年末到十八年之間先後舉行了解黨式，於是一切政黨，一時都消滅了。

這些都是模倣德國俾士麥的社會黨鎭壓策，伊藤博文想撲滅政黨，實現官僚政治。此外，伊藤博文還想用帝國大學去養成官吏，雇了許多德國人來施行國家主義教育；更將改定了的四民平等制度仍原還舊，制定華族令，分別舊時代的特權階級和庶民，盡力緊固藩閥的基礎。

四　明治大帝的進步的思想和憲法的制定

明治十八年十二月，爲了立憲政體建設的準備，改造政府的組織，廢止從來的太政官各廳，新組織內閣，伊藤博文自己做總理大臣，另外設置了外務，內務，大藏，陸軍，海軍，司法，文部，農商務和遞信各大臣，又設置了宮內大臣和內大臣，直屬於宮裏。

關於憲法制定，明治十七年宮內省部內設置了制度調查局，以伊藤博文爲主，從事於憲法的編成，井上毅，金子堅太郎，伊東巳代治等幕僚亦參加了。

制度調查局不設於當時的立法府的元老院，而設於宮內省裏，這是對於當時的自由民權思想，想躲避那干涉；而且對於德國國家主義者的伊藤博文所編成的草案，一般國民很懷疑，和這些事相關聯着，爲準備輿論的興起，所以想在祕密裏完成那事業。

於是憲法草案從十九年到二十年之間，在伊藤博文的別莊裏完成起草；二十一年四月，在創設了的樞密院，天皇亦出席，在祕密裏審議。當時伊藤博文是樞密院議長，皇族，各大臣及樞密顧問官等都列席了。主要的是三條實美，勝安房，大木喬任，東久世通禧，鳥尾小彌太，福島種臣，川村純義，佐佐木高行，寺島宗則，榎本武揚，品川彌二郎，野村靖，佐野常民，福岡孝悌等。從伊藤博文起，這些人很多是保守主義者。伊藤的原案，想將議會弄成一種只是商議的機關，福島則極力反對。

明治大帝當討論草案的時候，常提出進步的裁判；據伊藤博文的述懷裏說，「當時在院（樞密院）的內外，雖存有極端保守主義的暗流，但大帝的判斷，幾乎常常傾於自由進步的思想，所以我國民才能有現在的憲法。」大帝素用意於立憲政治，明治八年設了元老院，九年召喚元老院議長有栖川宮熾仁親王，下了國憲制定的詔，但那時大帝另外招喚親王到別室，給他以英國人托特著的『英國議會政治論』（Parliamentary Government of England）看，要他以這爲模範，因此可知那時大帝已經開始研究英國流的議會政治，而是關於立憲政治的進步主義者的一人。

因此，日本的憲法可以說是日本的傳統政治思想，而且若就制定當時的情形考察起來，雖是成於特權階級會議的結果的欽定憲法，但的確是在很進步了的思想之下完成了的。

但伊藤博文和其他閥族政治家，完全將日本的憲法政治，去德國式地解釋，排斥所謂英國流的責任內閣政黨政治，這事我們只要看明治二十二年二月十二日憲法發布的次日，總理大臣黑田清隆對地方長官的訓辭，和同月十五日伊藤樞密院議長在府縣會議長及議員的集會裏的講演，就可以明白。黑田清隆發表政府的施政方針說：

『憲法當然不能容許人民的意見；只施政上的意見，各人所說的不同，那些合同的，互相團結着，所以社會裏存在有所謂政黨，這是情勢所不能免的。然而政府常取一定的方針，超然站在政黨外，而居於最公正的位置。各人應當留意於此，以不偏不黨的心去管理人民，而助國家的隆盛！』

從這看起來，要以超然主義的內閣，才希望國家的隆盛；以為基於政黨的，是反了不偏不黨的主旨，這明明是排斥英國流的政黨政治，而主張德國流的賢人政治。因此才生出了舊式政治家的所謂信任論；閥族政府可以說是長年毒害了日本憲政的淵源。

又，伊藤樞密院議長，用憲法制定的主宰者的資格這樣說：

『天皇統治全國，宰相幫助着；幫助的任務須有一定的分義；因爲君主是居於臣民之上，站在各政黨之外的，所以沒有利這黨害那黨的行爲；常保持不偏不黨的地位。政府若爲政黨所左右，是非常危險的。……有時候依着國情，或許於黨派政府有利，但亦有完全相反的時候。黨派在民間雖是不能阻止的，但想將牠用到政府，則不得不說是件難事。……我日本的政體，天皇總管一切國權，統治全國，能支配宰相的進退，有沒有名望，或能不能，是應當天皇自己決定的。當然應當舉用能夠負一國的責任，擔當國家的安危的人做宰相。今後要開議會，政事問於公議輿論，即刻就想以議會政治（即政黨）去組織內閣，那是極危險的。』

詳細一看，就知道是以爲內閣只是由天皇的任命，於議會是完全沒有責任的；又斷定政黨政治是危險；這完全是以德國流的非議會政治去解釋憲法的精神。

算作議會政治發達的必然的過程，欽定憲法雖依然不改，但進到政黨本位的內閣制，憲法的運用亦開始漸漸傾向於民衆政治，對於這大勢，是無可奈何的。

憲法草案，在明治二十一年十二月十七日確定了，同時附帶制定了皇室典範，議院法，衆議院議員選舉法，貴族院令，會計法等重要法規。

二十二年二月十一日，是皇祖祭日，召集文武百官於宮城正殿，在君民協和，上下歡呼的聲裏，舉行了莊嚴的發布式，這裏定了立憲政體的基礎。

第五章 啓蒙時代的思想及運動(下)

一 邊沁的功利主義和福澤諭吉的思想，福澤諭吉的功利思想的影響

明治的啓蒙時代，在日本文明史上劃了一新紀元，輸入英美的新思想，給了日本國民思想上重大的暗示，那開拓者，給了當時及後來的文明很大的影響，這即是不能忘記的先覺福澤諭吉。

他著的書物大小有六十幾種，發行部數達三百四十萬册之多，內容涉及政治，經濟，一般社會及各科學等，以當時日本國民的實力和要求爲標準，適切地解釋歐美文化的精髓，想將牠最適當地移殖過來，而建設新與日本的新文明。他的文章很平易，提供

作一般民衆的讀物，而想指導民衆。他的最銷行的書像有名的『學問的推勸』，明治五年到九年著了十七編，內容是爲國民的實際生活所必要的各種常識。這書的讀者之多實在可驚，到明治十六年發行總數竟到了七十萬册。又像明治二年出版的『西洋事情』，裏面記述銀行，郵便，徵兵，醫學等外國的各制度，初版和再版共出了二十五萬册以上，由這可以知道啓發了民衆的程度之大。

諭吉生於天保五年豐前中津藩士的家裏，在安政元年，二十一歲的時候，出到大阪，進了緒方洪庵的私塾去學蘭（荷蘭）學；研究理科，五年後到江戶（即東京）學英學，次年隨着幕府的使節到美國，歸國後於文久二年又同使節漫遊歐美各國，更於慶應二年作第三次美國的遊歷，回來後和官途完全絕了，創設了慶應義塾，立志於靑年子弟的教育，以著述去鼓吹新思想，做了一世的指導者。

他將處於這兩方面的他的思想態度，寫在『福翁自傳』裏：

『我的熱心是想將洋學普及於這日本，而使牠成爲一文明富強的國家。因此以塾舍（卽學校）爲西洋文明的嚮導者，但這亦卽是那些頑迷沒有覺悟的國人所嫉忌的緣故。

本來，我的教育主義，是注重自然的原則，以數和理爲主旨，人類萬事的經營，亦由此打算；一方，在道德論上，承認人生是萬物中的至尊至靈，居於自尊自重，最高尚，使其對於所謂獨立的一點上得以安心，這無非是：若將古來西洋和東洋進步的前後遲速對照看起來，差異實在可驚，雙方都有道德的教義，有經濟的理論，但關於富國強兵，最大多數最大幸福等事，則東洋就不及西洋。」

他的思想是當時在歐美最盛的自由民權及功利主義。關於政治問題的自由平等和民權擴張的運動，除了他，還有板垣，福島，大隈等，亦熱心地鼓吹了；卽在實際的運動上，亦很厲害。他在這方面，亦有先覺者的見識。

「天不造人上的人，亦不造人下的人，天的生人，是生下來就沒有貴賤上下的差別，以萬物之靈的身心的活動，供給天地間的萬物，作衣食住的用，自由自在，互不相妨害，各自安樂地渡這一生……』

這是『學問的推勸』第一篇的冒頭語。由此可以知道他早就受了歐洲的人權說的影響，主張應當尊重人權。近來奧地利的法學者安湯·末買所認爲是經濟上的三人基礎權之一，和在日本當作社會政策的哲學而議論着的『生存權』，畢竟不過是立脚於這想頭的，以他的功利主義爲主的學問思想，在維新後給了日本國民生活非常重大的影響，他以富國強兵爲最要緊，注重實利實學，同時又介紹了個人主義的經濟思想，這可以說是使日本的文明開展到歐美各國的資本主義文明的第一人。

從幕末到明治，受了外國的武力壓迫的日本國民，在新時代，當着和外國交通，以武力的模倣爲第一，以爲只有這樣才可以和海外各國相對抗。他對於這傾向，在他一生的名著『文明論的概略』裏說：

『有些惦着國事的人…… 看見外國交際的困難，以爲原因是兵力不足，只要兵力強盛就可以得到對立的形勢，於是想增加海陸軍的資本。……英國有千艘軍艦，但幷不只有千艘軍艦，同時還要有萬艘的商艦，還要有十萬航海者；做能航海者不可沒有學問，學者亦很多，商人亦很多，法律亦整齊，商業亦繁榮，人類交際的事物都具備着，正好要能相應於千艘軍艦的情形，然後才應當有千艘軍艦。……巨艦大砲可以用巨艦大砲去敵，但金錢則沒有可敵的。」

因爲他以爲軍備的充實，要在殖產工業繁榮之後，殖產工業的繁榮，要在政治組織及牠的運用完成之後，政治的善良又須在個人道德的解放，和一般社會的智識的發達，警戒走於皮毛，以爲應當穩固牠的根基。

當要記述福澤諭吉的功利主義的學問思想，先要略說在英國完成了功利主義哲學的邊沁（Jeremy Bentham 一七四六——一八三二）的思想，和討論一下成爲資本主義文明的科學根底，及一般指導原理的正統學派經濟學的中心，而且研究一下那思想的大體。固然想將兩者精密地，適當地，去比較評論，是很困難的，而且或者會失當，但無論在哪個社會裏，指導時代的思想的先覺力，實在是很偉大的，尤其是從以後的時代看起來，那實蹟非常顯著，研究亦很容易。

產業革命發起的英國，到了十九世紀，成爲近代的產業國，從世紀的中葉漸次移向自由貿易，國力漸漸更充實，是帝國主義的資本主義全盛時代，稱霸於世界。關於橫在這時代的根本思想，從歷史上看起來，英國十九世紀的中葉，是個人主義的時代；構成這時代的：在經濟上，有亞丹斯密（Adam Smith 一七二三——一七九〇）的資本主義經濟學，在法律上，倫理上，有邊沁的功利主義的主張。這邊沁主義是倫理和法律上的新學說，給了當時法律制度的改廢制定很大的影響。同時邊沁主義是亞丹斯密的經濟學的根本思想，教授功利哲學；終於個人主義經濟學和邊沁主義竟完全是同樣的東西。忽視邊沁的功利主義，則不能說明亞丹斯密的個人主義經濟學。在思想史上看起來，對於斯密派經濟學的一大前提的利己主義和個人主義，而給了倫理價值的是邊沁，後來成爲正統派經濟學的哲學。

關於邊沁的倫理論法理論經濟論的根源的功利說，他在他著的『關於道德及立法的各原理的序說』(一七八九年出版)的卷頭，這樣說着：

『所謂功利的原理，是指各種行動隨着增加或減少有利害關係的人的幸福的傾向，換句話說，卽是相應於阻害幸福或增進幸福的傾向，而去承認或否認各種行動的原理的意思。』

又在『立法論綱』(一八〇二年出版)第一卷裏，關於功利主義這樣說明着：

『自然將人類擱在快樂和痛苦那兩王國裏；我們的一切思想都由此所支配。我們的判斷和我們的生涯都在這裏面。人們卽想脫掉牠的覊絆，但終歸於無意義。人們雖在打算避開最大的快樂或接受最大的苦惱的時候，亦仍原想求快樂避開痛苦。必須使這永久而不能反抗的準則，作爲立法家及道德家的研究主題。功利的原理使一切的事物服從於這兩動機。』

倫理學說上的功利主義已經在各方面被討論，但反對者的藉口是：這主義是結果說，完全不管動機是怎樣，而且只是量的快樂說，而不是質的快樂說。然而他將這功利思想適用作社會思想的時候，亦不一定能被這些所駁翻。這就是「最大幸福的原理」(The Greatest Happiness Principle)。即，他以爲社會是由構成牠的各個人所成立的，所以謀社會的利益，即是謀最大多數的最大幸福，一切立法的目的及方針，必須從最大幸福的原理出發。

福澤諭吉的思想雖不是組織的科學上的一學說；這是日本從來的歷史及時代的環境使他這樣；但脫了舊幕時代的社會思想的殼，指導民衆的他，實在是偉大。他歷遊歐美，帶囘功利思想的新智識，大叫打破封建道德，大膽地直率地提倡了新興日本的根基的新道德。這種主張，成爲常識的通俗的書本，而提供於一般國民之前，普及於全國。當他說天理人道的時候，完全站在邊沁主義上。他說：

「忠臣奉仕兩個主人，……亦幷不是背天理人道。年青的寡婦剃髮做尼姑，弔死了的丈夫的菩提，亦是天理人道；再嫁人，生兒子，好好地教育他們，亦是天理人道。現今，兄弟姊妹成爲夫婦雖說是背天理人道；但亞丹和夏娃（Adam 和 Eve

傳說是宇宙間最初的夫婦）的小孩子們和誰結親去呢？又，在日本書記裏，有仁德天皇以八田的皇女爲皇后的事，但皇女是天皇的妹；在現在想起來固然很奇怪，但在當時，仍原是基於天理人道。」

總而言之，他以爲道德幷不一定是永久不變的，而是隨時代變遷的，歸根到底，伴有實際的利益和增進人類的幸福的行爲，即是人道或善，相反的即是惡。邊沁這樣說：

「不只是商業上，無論什麽時候，人是計劃着他個人的利益而行動的。換句話說，個人主義無論在經濟上或倫理上，是同樣的。一切有理性的動物，都有想得到個人的最大幸福的目的。各個人比任何人要更近於自己，誰亦不能計算他人的痛苦或快樂。那個人自身是有最大的關係的。」

這想法和斯密以自然法爲基礎一樣，邊沁以功利的思想爲基礎，說各個人追求他的利益的時候，可以得到由各個人所構成的社會全體的幸福。

研究邊沁的思想時，可以知道他的功利主義和經濟學非常接近。美國的經濟學者兼

『經濟和哲學』的著者的博納(James Bonar)說『哲學上的功利主義之所以能和英國經濟學完全融合，是得益於邊沁。』他以爲各個人是最知道自己的幸福的，和斯密同樣以自由放任爲理想；卽在那法律論上，亦同樣主張自由主義或民主主義的立法。

福澤諭吉的倫理思想的『獨立自尊』，畢竟亦不過卽是承認了自由競爭的個人主義。從經濟思想史上說起來，和斯密的個人主義及自由放任主義相同，是對十九世紀末葉在英國擡頭了的團體主義(Collectivism)的。福澤諭吉說：

『天道不殺人，雖說勤勉的人容易過生活，但從牠方看起來，愛利是古今普遍的人情，一切人都羣集到有利的地方，鑽進那羣集的裏面去，各人都想求得一部分利益，這叫作競爭；太厲害了雖爲君子們所不喜歡，但衣食幷不從天上落下，亦不從地裏湧出，只要身體不是木石，那麽，爲要作在家裏，處於世上，免爲他人的煩累，而完成獨立的名義，不得不忙忙碌碌地辛苦於這競爭場裏，人類的生活可以說是很難，能使獨立心成爲眞的獨立的，是有形的財産，得到這財産的方法又極困難。」

邊沁的思想，由他的更厲害的門弟遺留了巨大的足跡於英國的思想史上。吉姆士·彌勒(James Mill)，里卡多(David Ricardo)，馬爾沙士(Thomas Malthus)，斯抽亞特·彌勒(John Stuart Mill)，噁斯亭(John Austin)，休謨(Joseph Hume)等都是出入於他門下的人，在當時的學問上及實際方面活躍着，傳達邊沁的思想於民衆。

福澤諭吉在明治初頭的思想困亂期裏，是一世的大論客，施行社會教育，後來倡導適應於日本的資本主義的功利主義，這實是個進步的思索家。他遺下的事業，是創設了慶應義塾，以獨立自尊的校風，鼓吹經濟思想，養成了很多人材，在以後的實業界，扶植了一大勢力。他的思想和人格，雖有時被人誤解，但他的影響感化於後世的，實在很大。

第六章　國粹保存論的勃興

一　中村敬宇的思想

前章說過的福澤諭吉的功利思想，很普遍於全國；和這同時有田口卯吉，著了『日本經濟論』，很早就主張自由貿易，日本明治以後的經濟學，在初期輸入了英國正統派的學風，這事他們有很大功績。卽在教育方面亦有受了這影響而提倡自由主義，自然主義的教育說的。

這啓蒙時代的歐化主義者的西洋文化的模倣，完全是被西洋的物質文明所眩惑，而想急速地移進到本國；使能和牠國站在同等地位，因此只模倣了那表面的文化形式。

在這實利實學被尊重的時候，我們不可忘記中村敬宇，他獨以着實的思想，高唱精神文明，和物質主義全盛的風潮相對抗，調和儒教和基督教，併合了基督的博愛主義和孔子的倫理思想。

他在小石川創立同人社，指導許多青年子弟，和福澤諭吉的慶應義塾相對立。他翻譯的書，最普遍於當時的學界的是『西國立志篇』『自由的理』『西洋品行論』等。他從幕末時代就在英國，觀察研究那裏的文化，以他那卓越的漢學的素養，理解了西洋文明的眞精神，知道在那根底裏，有基督教。而且在基督教裏看出孔子的教來，用基督教去說明儒教主義，想將道教宣傳到日本去。他藉了『西國立志篇』的名去說斯賣爾士的自助論；在物質萬能全盛的當時，給與那些精神上飢渴了的人們以清涼劑，的確有能和福澤諭吉的事業相敵的。一讀他的『西國立志篇』第一篇的序文，就能領略他的思想丰采。

『余譯此書，客有過而問者，曰：「子何不譯兵書？」余曰：「子謂兵強則國賴以治安乎？且謂西國之強由於兵乎？是大不然；夫西國之強，由於人民篤信天道；由於人民有自由之權；由於政寬法公。……蓋國者，人衆相合之稱，故人人品行正，則風俗美；風俗美，則一國協和；合成一體，強何足言？……夫人知天命之可畏，以眞實之心，行善良之事；一人如此，一家如此，一國如此，天下如此。愛日仁風，四海合職，慈雲和氣，六合皇祥；如此，則亦何有乎甲兵鐵砲之用哉？！』（這是原文）

他靜思淨居，被認爲是『小石川的聖人』；不像福澤一樣是時代的人，在外面活動着。在明治思想界，他的德風所影響到的感化力，保持了很久的生命。

二　『日本人』和『國民之友』

歐化主義到明治二十年前後，達了全盛期。這時代，在日比谷的鹿鳴館舉行了內外紳士淑女們的跳舞會；還有，明治二十年四月，伊藤總理大臣的公館裏，催開的假裝跳舞會，最適功地表現了時代的風潮。那樣極端的西洋文化的模倣和泰西思想的輸入，不久卽引起了反動精神，結果至於勃興了保守的國粹保存論。這反動的國粹主義的萌芽，在很遠的以前就可以認出。維新後，明治政府爲要改正不平的通商條約，要使國力充實，使國內的文物制度和歐美的同程度地進步，所以盛行了歐化政策；但在那時代，即已有過出於直接行動的反動運動，明治十年才終息。明治十一年藤井惟勉所高唱的祖先崇拜論，十二年田中知邦的鼓吹神道，和西村茂樹等的排斥基督教思想，以儒教主義爲根底的道德論等，都是從歐化主義裏醒過來，覺得日本固有的文化比起歐美的來，決沒有不及的，因此起了反抗的氣勢。

這些國粹保存論到了明治二十年更得了勢力，和歐化主義相對峙，因此當時的思想界，非常混亂，不知趨向哪一方。代表國粹主義的，是明治二十一年四月創立的政教社一派，集合了三宅雄次郎，志賀重昂，杉浦重剛，井上圓了，菊地熊太郎，島地默雷等論壇的健將，發行機關雜誌『日本人』（後來的『日本及日本人』）；啓發了當時的人不少。和這相對着，主張歐化主義，痛擊國粹論者的頑固的，是德富蘇峯所經營的『國民之友』一派。

『日本人』的創刊裏說：

『現在的日本，是創業的日本。……目前最重大的問題，是要撰擇適合於日本人民及日本國土的宗教，教育，美術，政治和生產的制度。……』

德富一派和這相對抗，說，『若日本這感情增長，世界這感情減少，國家這理想發揚，人民這理想萎靡，保守這精神生長，進取這精神死滅，那麼，我國已失掉了活動力。』說國粹萬能是舊思想，不適用於新時代。

當這歐化論和國粹論對抗的時代，在宗教方面，亦同樣地，由儒教，神道和佛教關係的人們排斥當時正在漸漸得勢的基督教；以爲那是不合於日本國體而有害於國家和平的邪教，盡力攻擊；同時，基督教徒的先覺們則疏辯着，說基督教的世界同胞主義和博愛主義，决不是和日本從來的忠君愛國思想不相容的。下面想說明這事情，同時敍述明治初期以來日本的基督教的歷史。

三　明治以後的日本的基督教，基督教和國家主義的論戰

明治元年由太政官發了所謂神佛判然的命令，斷行神祇神道和佛教各宗的分離，這是因爲基督教漸佔了優勢，成爲日本宗教傾向於衰亡的原因。各神社佛閣的寺錄朱印黑印的領地被收沒了，受了經濟上的大打擊；而且元年二年，富山，多度津，松本鹿兒島等各藩斷行了廢佛毀釋，寺院和佛像有許多被燒毀，各宗派的意氣完全沈滯了。明治五年，神佛兩教企圖合同，想設立大教院，但神佛到底不能圓滿地融合，終於在明治八年，眞言各派都脫離了大教院，太政大臣亦發了廢止教部省直管的大教院的命令。從此，佛教各派斷然地依據各宗宗義，宣傳了他們的信仰。基督教被德川幕府認作邪教而禁止了，自全國的政權移到明治政府以來，亦同樣在元年四月發布了禁令。因爲，長崎附近浦上村的住民，受了他們祖先的家訓，祕密地信基督教，乘幕府的衰弱，在長崎的租界裏擁立了羅馬教會，到新政府才從新發了禁令。

後來隨新政府的開國方針，和各國的交通很頻繁，三年四月以來，外務省亦有解禁的氣勢；四年十月岩倉具視等由美國回來，爲要達到改正條約的大目的，知道禁止基督教的傳布，卽是將外國看作異教國，很有不利；終於在六年二月對外國使臣發了解禁的通牒。

於是基督教各派開始傳教，各地創設了教會或宗教學校。八年由上州人新島襄在京都設立同志社，施了基督教主義的教育。他於元治元年到美國去，在阿莫斯特大學畢業，成爲組合教會的牧師歸國。集於他門下的名人，有橫井時雄，浮田和民，海老名彈正，金森道倫，小崎弘道，安部磯雄，宮川經輝，德富猪一郎等，他們當明治九年，熊本洋學校解散時，會盟於郊外花岡山，發誓要以基督教去從事於精神界的改革。在熱烈的信仰之下，後來是基督教界的中心人物。

新島襄立志要以基督教主義去救濟日本，但不幸早死了。關於同志社，明治九年的秋天，當時的開拓使長官黑田清隆在札幌設了農學校，招聘了美國人可拉克去講農業學，同時亦默許了講聖書。在東京，創設了明治學院和青山學院等宗教學校。

基督教之所以有這一大飛躍，因爲和自由民權論者協合，而且兩者又都是從西洋輸入的；所以板垣退助早就招了牧師，聽他們的講義；島田三郎，片岡健吉等民權運動者，竟是信徒，於是這是基督教的四海同胞的平等主義，和民權擴張的自由平等主義互相同情的地方。但隨着時代的演進，民權運動到了白熱時代，鬥爭的空氣濃厚了，終於不能和基督教的無抵抗主義相提攜。明治十七年植村正久的『眞理一班』和小崎弘道的『政教新論』都出版了，乘歐化主義很飈的時代，倡說神的存在，主張要祈禱，替基督教盡了很大的力。一方，加藤弘之等以進化論去和他對抗，但影響很小。

到了明治二十年，國粹主義的勃興，從神道及佛教方面流布了排基督教的思想，於是以政治，文學，社會，教育等各方面爲背景，發生了一大爭論。前面說過，二十一年所創立的政教社一派的國粹論者，從他們的立場反對外來宗教；但稍前一點，在十八年九月，井上圓了出了『破邪新論』，舉出耶穌教的不合理的十二點，對於耶穌教的天地創造說，用佛教的唯心論斷定是學理上不合理的，說「佛教是道理界的宗教，是學者社會的教法，文化越進步，學理越明顯，則佛教更不可不越盛」，以佛教爲日本的本教，耶穌教是將外國精神傳道到日本去的，應當排斥。

此外，在二十三年設立了惟神學舍，發行機關雜誌「隨在天神」，主張神道思想；落合直文刊行了日本文學全書，鼓吹國文趣味，在這反動時代，受了佛教徒及其牠的壓迫，基督教陷於非常困難的狀態。而且，隨着憲法發布，有國體論的勃興；當這思想的混亂期，發了關於教育的勅語，表示日本古來的道德律，指明國民思想的趨向，這些在當時基督教的布教上，亦受了不少影響。還有第一高等學校教授兼是基督教信徒的內村鑑三的不敬事件，或，關聯着表同情於基督教的文部大臣森有禮的不敬事件，舉行憲法發布的大典那天早上，正走向宮中的神官的兒子被暗殺的事件等，都是於基督教不利的，挫了牠的進步。

乘這反動思潮，加藤弘之從崇拜祖先的見地，大論神道被外來的基督教所壓迫，實在是對祖宗不住，應當及早驅逐；『教育勅語衍義』的著者，精通了大乘佛教學的井上哲次郎於明治二十五年在『教育時論』裏發表了一篇論文『教育和宗教的衝突』，批駁基督教。大要是這樣：

『我們的教育勅語完全是立脚於國家主義，耶穌教完全是反國家主義的，教徒的反對教育勅語，是當然的結果。耶穌教是博愛，所以我家的父母兄弟和他人沒有區別。捨了現世的事，只希望來生的自己的幸福，這是不尊重父母。排斥我國道德的根基的祖先崇拜，除了神，一切都是平等，所以亦不覺天皇之可尊，沒有忠君的念頭，沒有國家興亡的念頭，這種耶穌教徒，身雖在日本，心却和西人相親，所以不能和想要保護國體的尊嚴的教育勅語一致。……』

此外還出了許多贊成這說而排斥基督教的佛教徒或教育家；和這相對抗，橫井時雄，高橋五郎，宮川經輝等則先後替基督教辯護，各地方催開了信徒大會和演說會等，議論得很厲害。基督教的反駁論，有植村正久的『現今的宗教論及道德論』。要旨是這樣：

『基督教徒的熱心從事，是神的國。這教是敬神愛人的主義，以愛公共的神的主義爲第一，使人生在那制限之下去愛自己去愛他人。我們應當以正義的愛，去愛國。尊重皇帝的事，明明寫在新約聖書裏；基督教決不是主張不忠的。』

那樣爭論亦不過是儒教，神道和佛教徒等利用歐化主義全盛時代的反動思潮，作爲脫離窮地的手段高唱外來宗教的排斥的。以那國家主義忠君愛國主義和利己主義去反對基督教的主張，表同情於國粹主義，想投到時代的思潮裏去。

在這期間，中日戰爭勃發了，試驗基督教的態度的時機到了。基督教徒內則組織同志會，教訓義勇奉公，外則派遣了慰問使去慰問出征的軍人，活動很有可觀，但戰爭使國民一般的自覺向上，大喊國家主義，帝國主義，軍國主義，佛教徒常常是支持和國家相提攜，指導國民；而基督教徒由於本來的主義精神，不能充分追隨國家的傾向。結果招了該教的不振，戰後有許多名士相繼脫離教會的。然而從宗教本來的立場觀察起來，佛教信徒雖發展到政治上，而順應國論，得到宗門的繁榮，但關於信仰那自覺方面幷沒有進步，寧可說基督教徒雖被愛國的俗論所壓制，還大膽地主張自己的信仰，處於這危機，還不忘記宗教家的本分，這不得不說是很好的態度。

不但佛教徒，國粹保存論者一般幷不是有確固的論理的根據，而提倡了那主義的，只說不要亂模倣歐美；國粹不可不保存；不可樣樣心醉於外國的文明，而拋棄了本國的長處（卽國粹）；只是這樣漠然的主張，這不外只是伴着國民的反動精神的發露能了。明治初年以來，由開國進取的名義，全國傾於歐化，一年年地厲害，被歐化主義屈服了的日本的國民精神，不期而擡頭了，政治宗教教育等各方面，都成爲排外的精神和歐化主義相對峙。

關於國粹主義本來的主張，換句話說，關於排斥歐化後積極的理想，當時幷沒有什麼表示；所以有些人說國粹論者是保守的頑迷。

但，牠的所論雖很幼稚，在極端的西洋崇拜的當時，明白了日本固有的傳統，高調了在國民的根底的日本精神，反抗歐化主義，促進一般國民的猛省，那意氣和功績，在明治史上很大的，是中日戰後很旺盛了的日本主義的先驅。

第七章　中日戰後日本國民的自覺（上）

一　中日戰爭的意義

明治後半，日本國勢很顯著地進展到海外去。

威爾士在他的名著『世界歷史大綱』裏說到十九世紀日本的歷史時，這樣說：

『關於中國曾說過，但亞細亞民族的復興，那先驅幷不是中國，而是日本。雖然從來日本幷不佔重要位置，那關閉了的文明對於人類共同的目的，幷沒有過什麼貢獻。』(H. G. Wells. Outline of History)

在遠東新興的一小國竟巧妙地壓倒了巨大的中國，跳上世界的外交舞臺，而負了東洋民族的運命於雙肩，這是維新以來極力由歐化政策吸收新文明的軍國主義所賜。即，保守的老大國（中國）被吸取了歐美文化的新與國（日本）所打敗了。

從來，以朝鮮爲中心，中國和日本的問題紛亂得不可解決。東洋這兩國是不能併立的，衝突只是時間的問題。因此明治二十三年第一回帝國議會召集以來，日本的官民對於軍備的擴張，費了許多努力和犧牲，計劃內容的充實。

明治十五年及十七年的朝鮮事件發生以後，明治十八年四月爲要解決關於朝鮮的問題，和中國淸朝締結了『天津條約』。後來淸朝對於朝鮮的政事，亦漸漸干涉了，結局：激成了保守派學者們的東學黨的事件。於是中國公使袁世凱，向本國請求出兵；日本得到這報，亦立刻出兵，這就成爲中日戰爭。

戰爭的結果日本大勝，明治二十八（西歷一八九五）年四月締結了十一條的『下關條約』。內容是：逼迫中國承認朝鮮的完全獨立，逼迫中國割讓遼東半島，臺灣全島及牠的附屬小島，和澎湖列島等於日本，還要中國拿出了庫平銀二萬萬兩賠償金，強迫中國開楊子江四埠（沙市，重慶，蘇州，杭州。）但條約發表後還不到一禮拜，就遭了俄德法的所謂三國干涉。俄國從十九世紀後半盡力企圖東方侵略，在一八六一年浦鹽開港以後，對於滿蒙及朝鮮的野心很顯著，現在看見『下關條約』的發表，一則想要牽制對日本有好意的英國，二則想要阻止日本對滿蒙的新勢力的扶殖，借了德國和法國的力量來干涉，說：『日本佔領遼東半島，不但威脅中國的首都北京，而且使朝鮮的獨立有名無實，結果會阻害遠東永遠的和平，應趕早放棄！』日本不能對抗列強，終於不得不答應。日本國民遭逢於五月十日，下了大詔，促醒全國國民努力，不要誤了邦家的大計。日本國民遭逢這一大刺激，怨氣沖天，隨處都有臥薪嘗膽的喊聲。

由這機會，在遠東，列強的勢力擴張的競爭，越弄越激烈了，從來英俄的對立，又加上了德法，以後的十年非常混亂。

二　日本主義及世界主義的高調，條約改正和日英同盟的締結

這戰爭，使日本國民自信日本是世界的一獨立國，同時又是東洋的最強國，更要努力於國威的發揚，和國民自覺的向上。結果以至於軍國主義官僚主義得了勢力。又，這戰爭使各外國明白了日本的實力，國家的地位向上，因而在國際競爭場裏佔了優勢，由此可以知道以武力爲背景的果斷政策，是最有效的。而且，考慮遠東的將來，又怕了萬一中國會強大起來，於是極力求軍備的充實，以備國難，這年頭支配了日本全國的人心，因此軍國主義自然得了優勢。同時，維新以來急速地改良發展了的日本產業界，伴着戰後的國際的膨漲，漸漸陷於：若沒有政府的援助和保護，則不能和各外國競爭的困難的狀態；因此，這政府官邊的助力的要求，自然給了官僚主義跋扈的機會。

前面說過，使日本國民的覺悟，後來就成爲要建設日本獨自的文化的新意識。這國民自覺的向上，和對於由三國干涉的國家試鍊，影響於思想界，成爲使從來的國粹主義變成日本主義世界主義的新運動。

日本主義在明治三十年，由高山林次郎（樗牛），井上哲次郎，湯本武比古，木村鷹太郎，元良勇二郎等提倡了，但在這主義的提倡之先，有二十八年湯本武比古著的『日本倫理學』，說忠孝一致是日本古來的大道德，國民應當遵奉；二十九年柴川峽治基於教育勅語的本旨，創立了大日本教教會，宣言上主張崇拜祖宗的威德。這些事不能忽略。

這些思想及運動等成爲伏線，而生出日本主義。樗牛嘗論着日本主義的時候，這樣抱負地說：

『日本主義對於國民思想的態度，非常雄大；即基於一定的標準，想統一全國民的思想，所以關係影響很深。那主義的所謂一定的標準，是基於國體及民性的科學的研究，牠的取捨撰擇，幷不像從來的主義那樣含糊，因此一時騷動了社會，亦是不可躱避的。因爲覺得這新運動於明治思想發達上，有重大的意義，所以……』

樗牛說的雖不一定對，但維新以來日本國民的思想態度，只是爲時代的氣運所動，漫然受了影響感化，於那根本上幷沒有確固的自覺，沒有反省，因此幷不徹底，亦不深刻；但到了中日戰後的時代，站在國民的自覺上，考察事物，鑑於世界的形勢，將牠分析着，批判着，經了十分的檢查討論才去主張，這種進步，的確可以認出來。這卽是國民思想的向上發展，思想界學術界的獨立。在這意義上，日本主義幷不像從來的歐化和國粹那樣漠然地主張了的，這是考察了以世界爲背景的日本的立場，而且研究了日本的歷史及傳統的結果，在國民思想統一的抱負之下提倡了的。

樗牛於三十年五月在『太陽』裏發表了『日本主義』一文，以後還繼續提倡。說日本主義卽是『日本國民應當奉守的主義』，人人要崇拜國祖，忠君愛國。

其實牠的內容，和國粹保存論者的主義，幷沒有大不同的；只是國家主義的變形，而又有和平理想，矛盾的地方很多。從別方面看起來，日本主義受了戰爭的餘波，所以帶有帝國主義色彩。

否定一切宗教，忽視宗教的本質，只指摘壞處，說宗教是反於日本國民的性情，違背日本建國的精神，而阻害日本的發達的。這不得不說樗牛一派的獨斷偏見。幷不想想在奈良朝及平安朝的日本的佛教文化，太偏於現實主義。

除了樗牛，還有木村鷹太郎著了『日本主義國教論』，主張要將日本主義定爲國教；井上哲次郎和湯本武比古等亦極力提倡。實際運動方面，則創立了大日本協會，發行機關雜誌『日本主義』。

然而，說得雖很雄大，却沒有好內容，獨斷的分子很多，因此倒招了很大的反感，終於那主張亦失了勢力。爲基督教信徒等提倡的世界主義所排擊，此外，還有許多別的論敵，因此不久就衰滅了。

世界主義可以說是反對日本主義的，和現今還在議論着的國民主義對國際主義的立場一樣，關於這兩者的贊否，常常反覆不定。

當時的世界主義，由基督教提倡了；組合教會的小崎弘道和大西祝等攻擊日本主義的偏狹，以爲這不過只是實踐道德的一部。高山樗牛亦在『太陽』裏發表了一篇世界主義和日本主義的文章，主張日本主義。此外，浮田和民竟用帝國主義這名詞去代替日本主義，以望在內外的日本國民的發展，維持遠東各國的獨立，誘導亞細亞各國，促其改革，希圖東西文明的融合。

總之，無論日本主義和世界主義，都是從日本國民自覺的向上而生出來的愛國思想；牠們的分別是：一以日本為中心的世界發展的理想，一是介在世界文化之中的日本的活躍。

這些思想傾向的具體化，是多年為日本全國所希望的所謂安政條約的改締。維新以來當局者腐心於這事，為了這改正捲起了許多擾亂，經了許多曲折，最後由於第一次伊藤內閣的外務大臣陸奧宗光的努力，在二十七年七月十六日和英國的新條約調印完了，伴着戰爭的勝利，列強次第都同意於改正案；三十年十二月舊條約都改締了。

其次，在明治三十五年一月締結了日英防禦同盟條約。

由三國干涉明示了的俄德法的遠東政策上的提攜，使英國捨了那很久的『有光榮的孤立』外交，而扶助日本，亦想靠日本保全遠東的地位，而和那三國對抗。日本關於遠東的問題，亦有許多和英國相同的點，所以有了日英的提攜。不久就招來英國後援的日本，和同德國提攜了的俄國的衝突。就這事實看起來，中日戰後高唱了的日本主義國家主義和帝國主義，已不是和平國家的膨漲，而是武裝的膨漲主義，是軍閥政治或軍國主義，這固然是時勢所然，但戰爭的罪過，亦實在大！

當那對社會對國家等現實的思想被主張着的時候，牠方面，有對於個人的內生命的研究，這些於道德倫理宗教等上開了新生面，使個人的自覺向上進展。

高山樗牛煩悶於人生問題，結果主張了德國的尼采哲學，排斥基督教的禁慾主義，又提倡美的生活論，主張本能的解放，大膽地披瀝了對於日本思想界的不滿，反抗舊道德所支配的僞善的形式。

此外，綱島梁川得了虔敬的信仰，在宗教裏找得安住之地；坪內逍遙嗟嘆戰後一般社會的輕佻浮薄，痛感社會教育的必要；創設丁酉倫理會，發行了講演集。

三　當時的英德法及日本的無產階級運動

那社會及個人兩方面的自我的覺醒，和現實社會及經濟上的新傾向，使社會主義及勞働組合運動進到牠的搖籃期。十八世紀由產業革命及法國大革命所完成了的市民階級的革命，從現在回顧起來，知道牠有功，亦有罪。那打破了封建制度實現了市民民主制的功績，由馬克思弄明白了。他在共產黨宣言裏說【註】：

『自市民階級支配世間以來，還不到一百年；其間竟造出了比前時代的總計還更有力更巨大的生產力。自然力的征服，大機械，工業上及農業上的化學運用，輪船，鐵道，電信，全大陸的開拓，運河的開通，好像是用妖術從地下叫出來的這全人類——在前代，誰能預料到這樣的生產力是隱藏在社會勞働裏呢？』

【註】Manifest des Kommunistischen Partei（共產黨宣言）是馬克思和他的友人恩格斯的合作，一八四八年一月發表於倫敦，可以說是無產階級運動的聖經。

由中產階級帶來的資本主義制，現出了人類最有光榮的時代。而且這進步亦必然地伴有暗影；卽，由此生出了無產勞働者的一階級。自由競爭和放任主義的經濟生活發展到了一定的階段時，在物質狀態上，感到壓迫和苦惱的無產者們，又在市民階級曾要求過的自由平等的原則上，要求解放了。他們很弱，所以由團結的威力，向有產階級挑戰。於是組織了勞働組合，勃發了社會主義運動。

日本在明治維新，已打破了封建制度，舉行了第一次的產業革命。商工中產階級伴着實業家的社會地位的向上，隨着西洋文明的浸入，國民經濟的膨漲和通商貿易的隆盛，產業社會亦漸漸更繁盛了。上下國民的努力，在明治中期又有中日戰爭的勝利的好景況，更招了資本主義的經濟組織的發達，這些事完全和歐美各國同樣，所以勞働組合和社會主義的新運動的發生，幷不很奇怪。

馬克思在一八五二年著的『路易拿坡崙的政變論』裏說：

『十八世紀的市民革命，都急速成功了，帶給人們以幸福，世人到了歡喜的頂點。然而時間很短；他們立刻達到了極點；沒有時間去充分享受這繁榮時代的產物了，世上又生出了強烈的反動了。」

十九世紀發生的無產階級革命，雖說是慢慢地向目的地前進，但實際上，馬克思主義的勢力，還是以後的事。英國在三十年代早就有了奥文的社會主義的活躍，而且改進黨員的運動亦發生了；社會主義決不只是學者研究家的書齋，亦不是『變態的意見』，是英國思想界的一勢力，而出現於社會的，一八八四年亥德曼及木里斯的社會民主主義聯盟(Social Democratic Federation S.〔D. F.〕)和同年分離了的木里斯一派的『社會主義者同盟』(Socialist League) 等出現了，由這些人所著的書和社會的運動，宣傳了馬克思主義。

在德國，那互相反目了的拉沙(Lassalle)一派和悲自爾及李普克涅慮特(August Bebel und Liebknecht)黨在一八七五年承認了所謂 Gotha(哥他)的綱領而協和了，於此才生出德國社會主義勞働黨；即在法國，亦自大革命以來，有哲學者兼社會學者的聖西門（Saint Simon），到一八四八年的二月革命時，又出了路易·布朗（Louis Blanc）設謀了有名的國立工場（National Workshop）的計畫；一八七七年歸結了的舉爾·給德標榜着馬克斯主義組織了『平等』（L'egalité）那團體，這成爲法國社會主義運動的勃興的動機。又，法國運動的中心勢力的勞働總同盟（La Confédération Générale du Travail〔C. G. T.〕）的組織，亦是八十年代以後的事。

觀察歐洲各國的社會主義運動的各時代，和在日本的社會主義運動發生的時代相比較，幾乎沒有差別。

德川三百年保守鎖國主義，直到十九世紀後半封建制度還存在，以土地資本去經營自給自足經濟；但維新以後，產業組織變了，那社會的發達道程，進得非常快，展開到資本主義的方向。

又，當時，尤其是中日戰爭後的國民自覺的向上，使日本國民的眼光擴大了，思想界的全體，對於歐美思想界的傾向很敏感。

我們在下章研究中日戰爭後隨着日本經濟上的膨脹發展，而發生了的社會主義及勞動組合運動的初期情形，將牠和前面說過的歐美情形相比較。

第八章　中日戰後日本國民的自覺(下)

一　明治以後的社會主義思想及運動

日本的資本主義，在維新以後急速地建設了，同樣，社會主義及勞働運動，亦很快地發展了。

在維新當初輸入自由民權的思想時，已傳來了社會黨的名字。約明治六七年，是所謂言論的黃金時代，德國流的國家主義的加藤弘之的「國體新論」裏，亦主張了極端的自由主義，這若在現在，立刻會成爲大問題。當時，社會黨或共産黨的名稱，已非常普遍；日本最初的社會主義結社，是明治十五年五月大和人樽井藤吉及赤松泰助等的東洋社會黨。但不久卽被政府所禁；牠的綱領有三條：

第一條　我黨以道德爲言行的規準。

第二條　我黨以平等爲主義。

第三條　我黨以社會公衆的最大福利爲目的。

還沒有社會主義的純粹的立脚地，是立脚於日本傳統的理想主義的。關於勞働運動，明治十六年東京市敷設了馬車鐵道，因此奪去了市內的洋車夫的職業，窮於生活的很多。當時由自由黨員奧宮健之，三浦鑑吉，植木枝枝，伊藤仁太郎，栗原亮一等結社反對馬車鐵道，稱作車界黨（或車會黨）。那時候奧宮等在神田明神山和車夫幾千人相會，舉行馬車鐵道廢止的大演說，但不久就遭政府的壓迫，由於主腦者的投獄，運動就中絕了。然而當時就因失業問題而糾合同志，幫助窮人而起社會運動，這是很有趣味的事實。此外還有借金黨小作黨等小團體發生於各地，這些都是當時自由民權的運動餘波。

中日戰後的明治三十年，產生了職工義友會，三十一年創立了社會問題研究會；稍前，歐美的社會主義勞働問題的新學說都被翻譯介紹，可以說是思想的宣傳時代；這時候，自由黨以自由民權和國會開設爲唯一目標，同時政府亦強制地壓迫，於是惹起了很多騷擾。

明治二十年二月德富蘇峯的民友社發行『國民之友』，譯載了土地單稅論者亨利·喬治的論文，記述俄國革命黨的運動，和在歐洲五月祭（May-day）的示威運動的實況等，做了社會主義宣傳的先驅。此外，該社還出版了卡本德（Carpenter）的『文明的弊害及其救濟』和『現時的社會主義』等單行本。自由黨的機關雜誌『自由』的編輯局裏，有江口三省，金森通論，上野岩太郎等名人，不滿足於舊式的自由主義，進向社會主義的主張。當時『自由』上揭載了普通選舉論和土地國有論等社說。亨利·喬治和伊里教授等關於社會主義的著作，都先後地被翻譯了；『日本評論』『六合雜誌』等很盛地討論社會問題，執筆者有植村正久和金井博士等。還有，當時由法國回來的中江兆民是自由黨內的急先鋒。大井憲太郎從新組織東洋自由黨，標榜勞働者的保護，樹立了新政黨，發行機關雜誌『新東洋』週刊。那政綱裏有『整理財政，隨着國家經濟的可能範圍內去休養民力（尤其是貧民勞働者的保護）』的一節。該黨的實行機關，有日本勞働同盟，及普通選舉期成同盟會。但存在的期間很短，還沒有什麼重大的運動。社會主義社會問題的著作，還有斯波貞吉的『國家社會論』，石谷富藏的『社會主義綱領』及『社會黨瑣聞』，城泉太郎的『濟世危言』等。因此社會問題很被鼓吹，廣遍地傳播了社會主義的思想。

現在且引用當時發表了的兩三個意見，或者可以藉此知道日本初期社會主義思想的一般：

『國家社會主義已經存在我國；而且那國家社會主義的發生，并不是爲鎮壓民主社會主義的，寧可說是給牠以助長勢力的機會，這只要看德國的近狀，就可以明白；那麼，民主社會主義能不發生於我國麼？』（酒井雄三郎的『社會問題』，載在『國民之友』上。）

『貴族社會和平民社會的軋轢已過去了，現在成爲代議士多數的制度。於是更發生了經濟的社會問題，在法律上雖有平等的權利，但在那範圍內，有產者多使役無產者，那弊害幾乎使貧民做了富民的奴隸。』（生原盛之的『平民主義』，二十四年四月中江兆民主筆的『自由平等經綸』所載。）

『只希望發生同業組合那樣東西，將牠當作一種友愛協會，互相貯蓄自己的收入的一部分；在那組合中有遭了疾病，厄災或別種不幸的人，去探究事實然後帮助他；若一旦有事的時候，那同業就團結起來，作罷工同盟的準備。』（二十三年五月『國民之友』上載的社說『勞働者的喊聲』。）

因爲資本主義的發達，着眼於貧富的懸隔，爲要和富者對抗，而宣傳貧者的團體運動；對於政府的壓制政策，則反動地警告社會主義的出現，由這些事可以知道是完全和歐美的階級鬬爭的歷史同樣。

二　戰後的經濟膨漲和事業熱，美國勞働運動的感化和職工

義友會的運動

明治二十八年的戰役，給了日本經濟史上重大的影響。戰勝的結果得到兩萬萬三千萬圓的償金，領有了臺灣，朝鮮亦成爲自己的勢力範圍了。支配階級的得意，達到絕頂，煽動了企業熱，以產業的振興爲第一，牠方又極力擴張軍備，企謀國運的進展，在一切的國策上都濃厚地表現出帝國主義的色彩來了。於是日本突然變成產業國工業國，成爲資本萬能國了。新技術新機械的輸入，簇生了各種公司工場；由實業可以成富翁用資可以支配社會等慾望，刺激了一世的人心，激增離開農村而到都會，捨了田園生活而投到賃銀勞働者的羣裏去的人數，激急地進步向近代產業文明。從經濟界的實際上看起來，明治二十三年國會開設當時全國鐵路的幹線，不過一千哩，但到了二十世紀（明治三十三年）就急增成五倍；又，內外航路在戰後（二十九年）由於政府的很大的補助，而大擴張了；卽就貿易看起來，明治元年二千六百萬圓的，三十年後增加到五萬萬圓以上了。國民經濟的發展，當然隨着國家財政的膨漲，而成為國庫收入的增額，加重了國民的負擔。大體是這樣：

	明治二十六年六月	二十九年
有限公司	一、一三五家	一、四七一家
同資本	一〇八、一九〇、七一九圓	一八九、三八四、〇九二圓
行	一三五圓	一、一九七家
同資本	六二、九一六、一〇〇圓	二一一、四三二、〇四二圓

	二十八年以前	二十九年度	三十六年度
國庫收入	九〇、〇〇〇、〇〇〇圓	一〇〇、〇〇〇、〇〇〇圓	二三九、〇〇〇、〇〇〇圓
分頭額	二、一八錢	四、六七錢	五、六七錢

注意一下這些狀況，就容易明白那結果。即，企業熱的勃興，成為勞働者的增加，

更成為工錢的減低；資本的積蓄，即是無產者的收入減少；納稅負擔額的增加，就引起物價的騰貴；人口越增加，生活越困難；於是發生了社會問題，釀成了勞働問題，而萌芽了社會主義的思想，這是當然的結果。

到了三十年代，戰後好景況的反動時代出現了，跟着財界的沈滯，勞働者為了賃銀（工錢）的低下和失業者的續出，全國屢發生勞働爭議。新聞雜志等亦大論勞働問題社會問題，『國民之友』和『萬朝報』等都表同情於勞働階級，發表急進的意見。

這時候，可以認為是勞働組合運動的先驅的，是三十年四月創立的職工義友會。稍以前，於明治二十三年前後，在美國舊金山從事於老働，目擊而且研究了那裏的勞働運動的實狀的日本青年們，在該地組織了職工義友會；二十九年回國又再組織了的。最初是由城常太郎和澤田半之助兩人設立在東京，後來高野房太郎及片山潛等歸國者和島田三郎及松村介石等亦參加了這運動。

職工義友會的組織內容，在創立當時分配給各工場的『寄職工諸君』的一小冊子裏很詳細，但并不是有政治意義的勞働運動，完全是立脚於勞働組合主義的，根源上是模倣了『美國勞働聯盟』的。當時美國的勞働運動的概略是：一八八一年（明治十四年）在皮慈堡及因低亞那有過勞働組合幹部的會合，在這會合裏組織了『加拿大及美國勞働組合的聯合會』（A Federation of Organized Trades and Labour Unions of the United States and Canada），代表者有一百零七八，代表各種組織。這聯合會綱領包含了政治的要求，但會合的主旨，是想進向勞働組合主義的。一八八三年開了第三次會，干拍斯（Summel Gompers）被選作會長，但因爲基礎不容易確立，和基本金的不充分，終於衰滅了。一八八六年煙草職工斯特拉沙（A. Strasser）和聯合會書記福斯脫（W. H. Foster）等五名幹事會合於非那德爾非亞及哥倫巴斯，聯合各勞働團體的代表，組織了美國勞働聯盟（American Federation of Labour or A. F. L.）。在這會合裏，集合了三一六四六九個組合員而成的二十一個勞働團體的代表。這卽是全美的勞働組合運動。於是由入會費和會費等去確立財政的基礎，干拍斯做了會長。牠的方針是要承認各種職業內的自治權而且要使勢力強大；因爲是適應於時勢的，所以用穩健的步調，緊固牠的基礎而進，立脚於勞働組合主義，取了温和的運動方法，所以得到很大勢力，在美國勞働運動史上，開了一新生面。

日本最初的勞働組合運動的宣傳文，是由於美國流的組合主義思想的『寄職工諸君』，要點是這樣：

『近來這樣情形，同是我國民的雇主和諸君的關係，亦隨着工場製造所等的增加，而天天變化，實利以外，是不容情實的，強的就贏，弱的就輸，優者繁榮，劣者消衰，時勢是這樣，所以要榮順地前進，很不容易，諸君應當覺悟，不要爲他人陷於苦境；在競爭場上寬舒地保守自己的地位，才是最重要的。』

以這爲前提，主張要預備和資本家鬥爭。其次還說明在產業文明時代的無產階級的苦境，催促他們的奮起。又說無產勞働者是賣自己的勞働力而生活着的，應當要有勇氣去擁護自己的地位，而謀向上發展；但對於手段，則排斥由於革命的急烈的社會改造，而主張溫健着實的勞働組合主義，在平穩之中，大家一致團結起來，以團體的威力，去對待那無情的雇主們。又舉了英美勞働組合的同盟能工的實例，表示多數勞働者團體的威力。

『要遲緩而確實，要溫和而完全，在和平之下，秩序之內，達利目的地。諸君應採的手段只有這個。我們在這利再勸諸君去組織同業組合，至於同業組合應當怎樣組織呢.

第一，一郡市內同業者有七八以上的，就可集合而設立地方同業組合。

第二，聯合一郡市內的種種同業組合，而設立地方聯合團。

第三，聯合全國各處的同業組合，設立全國同業聯合團。』

還舉了具體的例，詳細說明結社的方法，組織，機關，權能等，激勵勞働者們的奮鬥。所說的很briefly然，立脚於穩健的思想，對於當時尚沒有自覺的日本的勞働者，使他們了解大衆運動的眞髓；實在是有歷史價值的宣傳文（指『寄職工諸君』）。

明治三十年七月，職工義友會得到了同志，成爲勞働組合期成會。這期成會會員在三十年三十一年景況不好的時候，有了五千四百名，不斷地組織了鐵工組合，鐵道機關手的團體，日鐵矯正會，深川印刷會社的活版工組合等，更在橫濱，京都，名古屋，大阪，奈良等地方設置了支部。

這期成會聽說政府有制定工場法的意志，就舉行了演說會，向政府陳情，提出請願書等運動。又，三十三年有發布治安警察的謠言，於是又開會決定應對的態度，決議應當訪問當局，但到三月發布了以後，却幷沒有發生什麼大反對運動。可是在那機關紙『勞働世界』裏堂堂地吐了攻擊的氣焰。

明治三十三年以後，勞働運動完全衰頹了，組合多被解散，組織的運動亦完全不振，但一部的階級的反目，仍不容易消滅；在四十年代，足尾別子的銅山和長崎的三菱造船等，各地發生了暴動。

總而言之，這些初期的勞働運動，太流於實際，多是取了勞資協調主義，以溫健爲宗旨，排斥政治運動，以經濟的活動爲主，各勞働者幷沒有充分的階級意識，因此沒有强固的團結心，這是所以衰沈的重大原因。然而當時糾合了多數勞働者，做了民衆運動的先驅，以團體的威力去擁護階級的利益，這是在日本勞働運動史上，應當特筆的事實。

三　社會主義研究會，社會民主黨，社會政策學會

其次想要一瞥這時代的社會主義研究會，及社會民主黨的創立和解散的情形，而結束本章。

和勞働組合運動的勃興同時，三十一年十月在東京芝區的幽尼脫亮教會內設立了『社會主義研究會』，以『社會主義的原理，和研究牠的能否應用於日本』爲目的；會員許多是從美國回來，和基督教有關係的人。

高木正義，河上清，豐崎善之助，新原俊秀，岸本能武太，神田佐一郎，佐治實

然，村井知至，杉村廣太郎，安部磯雄，片山潛，幸德傳次郎等都是會員。

每月開例會，研究社會主義的思想及實際問題，是純學術的研究團體，存在了兩年多，會員中亦有反對社會主義的。到了二十三年，這研究會改名爲社會主義協會，除去了反社會主義者，而進向實際運動方面，但當時會員不過三四十名。三十四年發起了社會民主黨。這是在日本信奉社會主義的無產政黨的發端。

安部磯雄，木下尙江，河上淸，西川光二郎，幸德傳次郎，片山潛等六名在同年五月組織了社會民主黨，在『勞働世界』及別的五種報上發表了宣言書。然而當時的內務大臣末松謙澄在宣言書發表的當日，立刻命令解散社會民主黨，登了宣言書的新聞雜誌，都被禁止發賣，而且罰了錢，於是代表日本無產階級，想擁護他們的利益的政黨，忽然逢了解散的悲運。

社會民主黨完全是從馬克思的（科學的社會主義的）教理裏生出來的，那宣言書都包含了後來日本的無產階級解放的要求，只是不大符合當時的社會狀態，但我們可以明白那是由社會主義的先覺者所企劃了的有意義的運動。

現在且記下那宣言書裏的實際綱領：——

實際

一，將獨占的事業，歸爲市有。

一，到高等小學校卒業爲義務年限，費用爲公費。

一，設置勞働局，調查一切關於勞働的事。

一，廢止禮拜日的勞働，每天的勞働時間限制爲八小時。

一，實行普通選擧。

一，採用公平選擧法。

一，完全廢除死刑。

一，廢止貴族院。

一，廢止治安警察法。

一，廢止新聞條例。

社會民主黨解散後，安部磯雄爲會長發起了『社會主義協會』，進向於主義的教育宣傳的方針，將『勞働世界』改稱作『社會主義』，以這爲機關雜誌。從三十四年到三十六年是社會主義協會時代；三十六年十二月由幸德秋水及堺枯川創立了『平民社』，走進新運動。這事後面再說。

在這時候，還有以官私立大學教授及其他名士學者爲中心的社會政策學會；田川大吉郎和矢野文雄的社會問題講演會，『萬朝報』記者的理想團及普通選舉同盟會等的活動，很可注目。

這些裏面，社會政策學會，於明治三十九年才在東京開第一次大會，討議當時正成爲問題的工場法，催開了社會問題講演會等；自踏出第一步以到現在，每年開一次大會，發表對於社會問題的調查研究，陳述對於新問題的意見，指導一般社會，促當局者的注意。

牠的主張幷不是社會主義，亦不是自由放任主義，而是想以溫和的協調，去改良社會的。

現在且摘錄一點社會政策學會的意見。——

『我們反對放任主義；因爲極端的利己心的發動，和沒有限制的自由競爭，只有使貧富的懸隔更厲害。我們亦反對社會主義，因爲破壞現在的經濟組織，而謀資本家的絕滅那樣事，只有害於國運的進步。

我們的主張，是要維持現在的私有經濟組織，在那範圍內，由個人的活動，和國家的權力，去防止階級的軋轢，而望社會的調和。……』

這會完全是模倣了德國的同名的機關而成立的。

第九章　世界的新日本的隆興

列國的世界政策時代

從十九世紀到二十世紀，歐洲各國由德國的統一，解決了國民統一問題；又由於前世紀發端於英國的產業革命的影響，殖產興業方面，異常發達，人口急激地增加，列強都使通商殖民繁盛，想要輸入原料，輸出製品，所以成了要開拓新領土扶殖新勢力的所謂世界政策上的競爭時代了。

這時候，先就有了英俄殖民政策的抗爭。俄國在克里米亞戰爭和俄土戰爭，南下的志願失敗，漸次轉向中央亞細亞，想向英領印度打主意；但英國的維克托利亞女王防備了，結果俄國只得轉向於西伯利亞鐵路的築設。

非洲大陸在十九世紀以前，是所謂黑暗大陸，而未開墾地被放棄，但自從由英國的探險家李文斯唐（David Livingstone）及斯淡利（Henry Stanley）探到眞相以來，歐洲各國爲了利權爭奪，費了很大的苦心。英國早早地就經營了埃及和蘇丹；法國自着手於抽尼斯以來，又殖民於西非洲，康果，馬大加斯卡爾等地；比利時亦發起萬國康果協會，創設了康果自由團。德國得到托哥，卡末弄，西南亞非利加，東亞非利加等和列國對抗；英國又經營了克蒲殖民地，計劃向着開羅的縱貫鐵路。

這樣，列國間當然會起衝突；結果就發生了英法間的發學大事件和英國對布爾人的布爾戰爭等。這戰爭裏，德國同情於同種族的布爾人，暗中幫助，據說英德的反目是起於這時代。

這時候，在遠東發生了中日戰爭，結果暴露了中國的內情；對於這物產豐富，有四萬萬人口的老大國，列國的經營熱，忽然現出活氣來，於是中國就成了列強的世界政策的目標。

同時，遠東的一島帝國的日本，亦漸漸踏進列強之間，先和英國提攜，搶得俄國對中國及朝鮮的利益。

二　中日戰後的遠東的情勢，日俄的衝突

明治二十七八年，中日戰後的遠東形勢，決不是平穩的；第一，戰後的三國干涉，使日本國民知道在最近的將來，還有動干戈的必要；而且中日戰爭暴露了中國的實質，列強的世界政策，集中於遠東了。

俄國得到中東鐵路的敷設權，和鑛山採掘權，作爲三國干涉的報酬；到了三十一年，又以二十五年的契約租借了旅順大連一帶。德國因爲在山東省有兩個宣教師被殺，竟得到膠洲灣及山東省的鐵路敷設權和鑛山採掘權，以九十九年爲期限。因爲要和這些國保持均衡，於是英國要租借威海衛，法國要租借廣洲灣；軟弱的清朝居然於一八九八年，前者以二十五年爲期，後者以九十九年爲期地答應了。日本政府爲要保全臺灣，要

中國答應對岸福建省不割讓的提議。

於是遠東的老大國，就成了列國野心的目標；領土弄得四分五裂，還不斷地向死路上走。

從一八九九年五月到次年所蜂起的義和團，是受了祖國現狀的刺激，想要驅逐西教，排斥外人的；這騷擾傳播於各地，勢力非常大。因此外人屢有被害的，於是日，英，美，法，俄，德，意等八國都出兵，於一九〇〇年八月侵入北京。平定了義和團。

俄國在這事變的前後，發揮了對滿洲的露骨的侵略政策，進而連朝鮮亦想蠶食，事變平靜後，亦還依然不撤兵；想佔領滿洲，更想侵略朝鮮，這於日本很不利。

英國在三國干涉的時候，是守中立，但關於俄國的南下，亦感到有同樣的不利，於是就和日本結了同盟；這卽是一九〇二年一月三十日締結的日英同盟條約。這同盟聳動了世界各國的耳目，成爲世界外交上的重大問題。

英國自從加入一八七八年俄土戰爭後的柏林會議以來，對於歐洲的德奧意三國同盟和俄法同盟，亦在格蘭斯頓(Gladstone)的不干涉政策之下，採了超然主義，嚴守所謂『有榮光的孤立』。但現在却拋棄了那傳統政策，而和遠東的日本握手。

日英同盟是對等的條約；當時世界一等國的英國，竟和日本締結對等條約，這卽是表示了日本的國際地位的向上。是使世界認識日本的實力的有力證印。英國亦因此利用日本的武力，緊固牠在中國的地位，安全牠的利益，同時爲要和強敵德國相對抗，而傾注全力於多瓦海峽和蘇彝士運河的保持。但最大的影響，是不久就發生了的日俄的衝突。

明治三十五年(一九〇二)四月八日，俄國和中國締結了滿洲撤兵條約，約好於十八個月內分三期將兵都撤囘。但第一期只撤了少數，後來似乎簡直不履行條約；俄國國內，希望日俄開戰的多數黨抑制了克魯泡特金一派的反對黨，摧促皇帝在滿洲和旅順之間，築大爾尼港，又急速地緊固了能支配遼東和渤海灣的旅順的防備。於是在滿洲各地都建築了永久的設施，進而稱朝鮮的龍巖浦爲尼可拉斯港，經營了鴨綠江木材會社，野心漸漸更明顯了。當時，日本政府和俄國政府商議，要求俄國承認日本對朝鮮的優先權和有用武力干涉的權，其次又要求俄國承認日本有在朝鮮敷設鐵路和中東鐵路相聯絡的權。

這交涉是交換的，日本承認俄國在滿洲的優先權，而求俄國承認牠在朝鮮的優先權。但當時世界的大陸軍國或者輕視了新興日本的實力，只遷延不回答，好像要等時日的經過，而在其間秘密地增大軍備，及等待浦鹽斯德港和旅順港的冰解一樣。於是日本發了最後通牒，三十七年二月十日就宣戰了。

在遠東的日俄戰爭，和牠的經過，很引起世界的注目。一邊是大陸軍國，而且有正要稱霸於世界的新興德國的後援；一邊是曾打倒了中國，而現出了新進鋒銳的島帝國，背後有英國站着。這人種不同的兩國，一是想要貫徹遠東政策的最後目的，一是自三國干涉以來，要報臥薪嘗膽十年的怨，而決然站起來的。

戰爭的結果，是日本的勝利；難攻的旅順和精銳的大艦隊，都不是忠勇的日本軍的敵手。於是三十八年十一月成立了破慈馬士的講和條約，「俄國承認日本在朝鮮的政治上軍事上及經濟上的優先權，此外，俄國還將旅順大連，及附近領土的租借權，和關聯這租借權的一切權利，讓與日本，又，將長春江南的鐵路及樺太的北緯五十度以南的一切權利讓給日本。」

在這戰爭中，改締了日英同盟，約為攻守同盟；範圍亦擴大了，英國將印度及東亞的利權的擁護，委託於日本，承認日本向着大陸（即中國）的利權伸張，而且還給以援助，形成了支配東亞政局的不可動的一大勢力。

三　日俄戰爭給與俄國的影響

日俄戰爭給內外各方面的影響非常大：

在俄國，一八九四年亞力山大三世死了，皇太子尼可拉斯二世即位，但這新皇帝反於國民的希望，不許地方議會改革的要求，一八九五年一月宣言說「我和我的父親一樣，確乎不動地要維持獨裁政治的原則。」

但俄國從這時代急速地發生了產業革命，生出了以新思想新要求而結合的團體，而且亞力山大三世時代的虛無主義和自由主義運動亦起來了，這些都是站在反對獨裁政治的立場上。皇帝很溫順虛弱，又沒有政治才能，只由反動的官僚政治家支配政權。當時因爲芬蘭人的自由限制，知識階級的言論壓迫和猶太人的虐殺等，國美的反政府熱很盛；及到一九〇四年日俄戰爭的勃發，皇帝尼可拉斯熱心地激勵國民，但國民毫沒有感動。隨着戰局的進行，俄軍到處都大敗。這軍隊的失敗，暴露了政府的無能，同時專制政府的攻擊，亦更猛烈了。革命的徵候，漸次出現了，到處都勃發了勞働者的騷擾，形勢漸漸更險惡。先後發生政治的暗殺，繼了內政部長西皮亞金而起的蒲列勿(Prehve)亦於七月被暗殺了。戒嚴令公布於全國，但攻擊的喊聲亦很厲害。十一月，召集於首都的地方議會委員大會，要求發布憲法和開設國民議會。同年十二月，各地發生勞働者的同盟罷工和農民的暴動。即到了一九〇五年亦還沒有恢復秩序，六月六日，皇帝終於召集了地方議會及都市的代表者，有滋允許民選議員選舉，但沒有人相信，騷亂更擴大了。政府使用有武力的反動團體，想強制地鎮壓，民衆的反感到了極度。結果成爲那所謂十月同盟罷工，延到半個月之久，幾乎全俄的商工業機關完全休止了。爲了國內問題而爭鬥的民衆，對於當時和日本締結了的『破慈馬士條約』幾乎沒有一點關心。十月，皇帝終於下詔採用君主立憲政體，對憲法的發布，人民的權利，信教的自由及言論集會結社等，給了自由，公布擴張議員選舉權。同時那『破慈馬士條約』的全權委員韋特（Witte）伯被舉爲首相。政府的這些讓步，反鼓舞了革命黨，反動主義者因此而憤起，首都及各地不斷地騷擾，韋特終於在議會召集以前辭職。於是在上下的大混亂裏，舉行議員的選舉，一九〇六年開了第一回議會；反政府黨議員佔了多數，議會迫向政府要求一切民主的立法。政府斷閣議拒絕，解散了議會，於是全國又發生暴動。俄國的支配者和被支配者，永遠鬥爭着，全國的完全合一是不可能。雖發布憲法，有了議會，但皇帝的獨裁權事實上仍原存在，政府仍原忽視人民的權利，人民仍原不得不受貴族和官僚們的壓迫。

最後到了世界大戰的中期，這次的大革命徹底地舉行了，羅馬洛夫王朝的專制主義，和四圍的閥族根本覆滅了。開拓了從虐政，壓迫，榨取裏解放出來的下層階級的新天地。而且於世界的政治組織上，提供了一新例，從歷史上看來，這是走了當然應走的路，這是自然的命運。

四　日俄戰爭給與土耳其和中國及其牠的影響

土耳其自俄土戰爭以來，由於柏林會議的結果，領域縮小了，但還不失爲強國。皇帝阿不都爾·哈米德二世依然不悔悟，廢止憲法，行暴虐的政治，壓迫基督教徒，支持親德政策，所以領土內常起反亂。

青年土耳其黨雖一邊被迫害，還盡力維持勢力；日俄戰爭的結果，給了他們刺激，又得到多數的後援，終於成了一九〇八年的革命。同年七月二十四強使土耳其皇帝宣言發布憲法，大赦叛徒，除去嬖臣。同年末發布了憲法，而且宣誓遵守，由青年土耳其黨新政府召集了議會。這才使歐洲各國贊讚憲政的實施，而停止多年來關於土耳其內政的干涉。

中國受日本戰勝的影響亦很大；從來壓迫中國的俄國被日本打敗了；以爲這是出於立憲政體所賜，所以中國亦盡力促進立憲政治；於是光緒由於袁世凱的勸告，派遣了五名考察政治的，去視察日英美德法各國的憲法制度。這些人歸國後，於光緒三十二年宣布憲法準備。到了光緒三十四年八月，發布了憲法大綱，聲明九年後開設國會。宣統元年開了各省的諮議局，次年開了資政院，召集議員一百九十六名，容了議員等的國會開設的要求，定於宣統四年發布憲法，五年開設國會，但在宣統三年十月已發生革命，推翻了清朝，次年袁世凱就做了大總統。後來關於憲法的發布，雖亦常是政界的問題，但經了幾次的政變及騷亂，在民國十二年十月曹錕做大總統時，才發布了中華民國憲法。

此外，波斯，印度，愛爾蘭，波蘭等的立憲政治或獨立運動，似乎亦都是受了日俄戰爭的刺激，而奮起來的。

同時，日本的國際地位，亦和各大國平等了。

五

日俄戰爭比中日戰爭還更促起日本國民的大自覺，不但對於自舊幕以來恐怖着的俄國，卽對一切白種人亦有相當的自信了；但再看看國內，亦有勝利者的悲哀。維新以來，還不到四十年，國家和國民的內容實質，並沒有什麽優越的日本，只出於開國以來以軍國主義磨煉了的海陸軍，和愛國精神，僥倖地勝利了，關於經濟科學及一般風敎等還很空虛；而且戰爭的犧牲亦很大，費了多少錢，死了多少兵士；還因爲戰勝的結果，使軍人在政界得了勢力，非常橫暴，取了保護權力階級和有產階級的政策，蹂躪多數國民的利益，完全忽視平民階級對於戰爭的大功勞，毫不施設一點國家的慰安，於是成爲金錢萬能時代，風氣很墮落。

日俄戰爭以前，國民普通很緊張，戰勝後的安心，使民心非常弛緩。

於是明治天皇於明治四十一年十月發了「戊申的詔書」，警戒國民要勤儉朴素，要忠實地服務。

稍前，於明治三十八年十一月有日韓協約，朝鮮成了日本的保護國。於是日本就派了統監及理事官，把握朝鮮外交上的最高權利；明治四十三年八月二十二日竟合併了。

六　文擅上自然主義的抬頭

這時代的文壇上，自然主義很盛。

明治二十年代以來的日本文藝界的浪漫主義發達成長到日俄戰爭前後，漸漸現出自然主義的色彩來。這是當然的過程。而且這時代，戰爭後，日本的海外交通，比以前更頻繁了，因此，當時正盛行於歐洲的自然科學的精神，亦輸入了，更給了漸在勃興的自然主義一個很強的刺激。

在歐洲，到了十九世紀後半期，自然科學勃興，社會主義思想亦很發達，因此，現實的傾向很顯著。當時支配全歐的大思潮是自然主義的文藝思想。排斥舊來的藝術，道德，宗教的新興文藝，以法國和德國爲中心，成爲時代的思潮，普及於全歐。從來說文藝是時代精神的反映；自然主義是立脚於自然科學的時代精神，客觀地觀察現實，把握事物的眞相而表現牠，排斥從來的主觀的技巧的詩的空想誇張和虛僞。

當時的日本，得到日俄戰爭的勝利，軍閥及軍國主義者得意已極，但一般國民從戰勝的陶醉裏醒過來，咀嚼到勝利者的悲哀。覺得要看着現實反省自己的時候，才能看出眞的人生，這傾向使自然主義的文藝思想抬頭了。

這樣情形之下，反映這時代精神而起的自然主義思潮，關聯着社會問題和道德問題時，因爲想要看出眞正的人生來，所以當然會破壞傳統的道德，忽視舊來的風習；從來被遮蔽了的人生的半面，卽使是醜惡的黑暗的，只要是眞實，就赤裸裸地描寫；所以那些想要保持既成的道德宗教教育的人們，當然會反對。當達爾文(Charles Darwin，一八〇九——一八八二)發表他的新學說時，給了宗教界極度的衝動，被看作異端。然而那由生命的欲求生出來的時代的思想傾向，是誰亦不能阻止的。

日本的自然主義派，在三十九年前後，多受了外國文藝的影響。以國木田獨步，島崎藤村和田山花袋等爲中心，發表了文壇上的劃期的作品。獨步的『運命』，藤村的『破戒』，花袋的『蒲團』等卽是。同時有島村抱月，長谷川天溪，岩野泡鳴等評論家，批評這些作品，讚賞着，助了自然主義的興旺。

那麽，由這些作品和論文所主張的自然主義的眞髓，倒底是怎樣的東西呢？從來文藝是以個性爲主，所以種類很多，但概括起來，可以說是立脚於自然科學的精神的現實主義，以描寫人生的眞相爲最後的目的。這自然主義文藝多少受了宗教界和教育界的反對，但那根本就是基於幼稚的誤解，沒有可取的；又，卽同在文藝界，亦有過後藤宙外等反對者，但自然主義仍原還是一年一年地興盛，脫了當初的輸入文藝的臭味，產生了許多眞正的作品。明治四十一年到四十三年，自然主義到了完成期，達到了最高潮。在這時期，產生了島崎藤村的兩大長篇『家』和『春』；田山花袋亦發表描寫了他的半生的「生」「妻」「緣」三部作。

此外，自然主義文學的傍系，有夏目漱石和森鷗外。都有卓越的特見。

七　戰爭前後的無產階級運動

發端於法國大革命，在十九世紀流布於全歐的現實的思潮，可以分作自然主義文藝和社會主義思想。

現在，在概觀了日本文壇的自然主義隆興的時代之後，兩來看看社會主義運動。

日俄戰後，日本的經濟社會的膨漲發展，在各方面都很顯著。戰爭中供給軍需品的政商或投機事業者們，得到暴富，給了惡影響於一般社會。忘記了要以健全的事業去刻苦精勵，只夢想要一攫千金。講和條約後的事業界，向着勃興的氣運，交通頻繁了，和海外各國接觸的機會亦多，研究使用自然蒸氣力和電力的大工業，應用科學的工場工業亦很盛，一躍而成爲近代產業國。這時代實在可以叫作日本的第二產業革命。日本的當局者，關於當然會伴着近代產業的發達而起的社會的病根，幷沒有預防。他們是有權者或有產階級的一部，隨着戰勝後的國權的伸張，和國威的發揚，只焦慮於自階級約擁護，及自己的利益，巴結少數富豪，而希望自己的榮達，倒使社會的缺陷更濃厚了。

平民及無產階級，經了中日日俄兩戰，於不知不覺間認清了自己的實力，對於政治上亦覺悟了，所以擡頭了權利思想。但官僚和政黨者流無理地壓迫，又借名於教育，想壓倒新興的勢力，　是不會利用新時代的趨勢，實誤了國家。

生活的向上和人口的增加，使生存競爭更激烈；事業的勃興和物價的騰貴，使富的分配更不平均，貧富的懸隔亦更厲害了；資本家和勞働者互相反目，刺激了爭鬥心，終於釀成社會問題。於是發生了社會主義思想，乘此，社會主義者們就宣傳活動，結果在明治四十三年，惹起了所謂『大逆事件』。

稍前，在明治三十六年末，日俄的國交很緊張的時候，堺利彥，幸德傳次郎和西川光次郎等盡力主張非戰論。正好在三十七年（一九〇四）日俄開戰後，在阿姆斯脫丹開了

『第二國際』的國際社會黨的第六次大會，於是非戰論者們竟送了這樣的決議案：

『日俄戰爭畢竟不過是兩國的資本家政府的行動，因此而兩國的勞働社會不得不受極大的損害。所以我們日本的社會主義者，現在希望這將於八月在阿姆斯脫丹開會的萬國社會主義大會的各員，去督勵本國政府，通過趕快盡全力去結束戰爭。』

片山潛做代表出席於那大會；而且那會議竟滿場一致地可決了下面這決議案：

『各國的勞働者和社會主義者的了解和一致行動，是世界和平的根本保證，本會在現在，（俄國的政治爲戰爭和革命所脅威着的現在），送上本會的友愛的問候於正在苦於資本主義之下的俄國及日本的無產階級。本會希望各國社會主義者及勞働者成爲平和的監視人，極力去防止戰爭的擴大。』

這社會主義者的一派，由國際的運動亦反對戰爭，卽在國內亦由『平民新聞』盡力鼓吹非戰論，但政府因爲有防害治安的關係，屢次禁止『平民新聞』的發賣，且處罰了編輯人。於是該新聞在三十八年一月竟自己宣言廢刊了。

日俄戰爭終結後，前面說過的那社會狀態，促起了社會主義運動，發行了許多關於社會主義的新聞雜誌和單行本。

明治三十九年一月桂內閣倒了，第一次的西園寺內閣成立時，乘這言論壓迫的鬆緩，竟公然產生了日本最初的『日本社會黨』。幹事是森近運平，西川光次郎和堺利彥；還有加藤時次郎，竹內餘所次郎，齋藤兼次郎，樋口傳等十三名評議員。黨則的第一條是『在國法的範圍內，主張社會主義』，以演說，地方遊說，研究會和談話會等去盡力宣傳；實際上亦發生了東京市電車費加價的反對運動，和足尾銅山暴動事件等。明治四十年二月這日本社會黨在第二次大會裏，議會政策論者和直接行動論者起了大衝突。當時幸德傳次郎和山川均等從美國回來，發行了日刊『平民新聞』，在美國時受了無政府主義的感化，常主張直接行動和非議會主義，和西川光次郎及田添鐵二等相對抗。詳細報告了這大會情形的『平民新聞』，立刻受了禁止發行的處分，同時對於日本社會黨亦有解散的命令。

其後在四十三年的夏天，突然勃發了震駭全國的所謂『大逆事件』。次年一月，幸德傳次郎及同黨二十六名無政府黨的陰謀圑，都受了刑。

於是，社會主義的言論文章是不消說，凡關於一切運動的自由，都被剝奪了，以後就進到了長期間的蟄伏時代。

第十章　從明治末期到大正

一　思想界的渾沌和人心的頹廢

明治末年，日本思想界很混沌沒有統系，日俄戰後弛緩了的人心，失了質實剛健的氣質，全國傾向於所謂世紀末的頹廢。

當時的思想界，自然主義，實用主義，享樂主義很盛，現實的思潮支配全生活，什麼理想或希望亦沒有；有一部分新人，已經痛感到有引起一種大爆發的必要。

在這頹廢期裏，有兩個事件震駭了一世的耳目，刺激了當時的人心，卽日糖事件和大逆事件。

日俄戰後的企業熱勃興時代，合併了幾個製糖會社，組織了資本金一千二百萬圓的大日本製糖會社，其後會社的事業很成功，對於股東的分配，亦現了好成績，但突然發見那有關係的藤本銀行停滯着四百萬圓的關稅支拂。

爲要使原料糖輸入的還稅期限延期，該社專務取締役磯村音吉等，用錢收買衆議院議員，接着又使他們通過砂糖官營法案，想要政府去收買該會社，給報酬於政友會，憲政本黨，大同俱樂部的多數議員，但這些事實都暴露了，提出官營法案的事實亦傳了出來，二十幾名議員被捉，生出了一大疑獄。當時又突發了該會社的總經理酒匂農學博士的自殺事件，集中了全國的注意。

這事件證實了參與國政的議員們竟爲了富貴而將公權歸私的政界的腐敗；同時，暴露了受國家保護的社會事業的容易陷入的缺點，警戒了當時的社會人心的地方不少。

大逆事件，前面已提過，是幸德傳次郎一派的無政府黨的陰謀。他們的淺慮的結果，以致大失敗。他們對外國的過激思想表同情，想推翻本國政府。

二　青鞜社的思想及運動

這時候，出現了日本最初的女子團體運動。她們是女流文學者的一團體，結了青鞜社，明治四十四年九月出了雜誌『青鞜』，鼓吹所謂『新的女子』。她們反對從來對男子的服從或隸從和家庭的拘束等，盡力去破壞舊來的因習，希求女子的社會地位的向上。她們的運動並不是站在很確固的地盤上的。她們實際上爲要引起社會的注意，敢於發出奇嬌的言動。青鞜社的中心人物平塚明子等，發表了『原始的女性本是太陽』一文，在這裏面可以看出她們的思想。現在且抄錄一點內容：

『原始女性本是太陽。現在，女性是月亮；是依他人而生活，借他人的光照耀，和病人一樣是蒼白色的臉的月亮。但這裏「青鞜」出世了。由現代日本的女性的頭腦和平，最初做成的「青鞜」產生了。女性所做的事，現在只有招人嘲笑。

『……熱誠！熱誠！我們只由於這個。……我想在精神集中裏去求天才。所謂天才是神秘本身，是眞正的人。……那麽，我所希望的眞的自由解放，到底是什麽？不消說是想使那埋沒着的天才，十二分的發揮那偉大的潛在能力。』

新女性運動幷沒有強固的基礎，亦還沒有自覺和內容。但從當時的社會情形看起來，由於中俄戰後女子教育的普及，和經濟組織的變遷，女子的社會活動的機會很多，範圍亦很廣，所以相應各人的才能而有職業的婦人，亦增加起來了。於是由活動於文壇中的覺悟了的婦人們，發起了日本的女性解放運動，這點是有意義的。

三　宗教界的諸問題

日俄戰爭前後的宗教界，因人文的進步和社會的事變，亦多事多端。明治三十二三年，從國家主義轉向一般的個人覺悟，論壇上常討論宗教問題。

高山林次郎崇拜尼采的個人急進主義，主張美的生活，以爲基督教是奴隸道德而強烈地排斥；三十六年黑岩淚香在『天人論』裏提倡汎神論，同時代，東本願寺的淸澤滿之著了雜誌『精神界』及『精神主義』，和物質主義的時代思想相對抗。以爲宗教是主觀的事實，幷不是因爲那是眞實而信牠，而是因爲信牠才是眞實，高唱了主觀的宗教。

三十七年，姉崎潮風在『復活的曙光』裏，主張在人類的精神生活裏的神祕世界，從這神祕的世界裏湧出的愛的極致卽是宗教，在那光明裏，矛盾很多的人生可以融合。

日俄戰爭前，基督教徒在社會上很有勢力。明治三十四五年，當日本社會主義最初的團體機關成立時，基督教徒加盟的很多，例如安部磯雄，西川光七郞等就是。

三十六年末，日俄的風雲緊急的時候，這些人和別的社會主義者，主張非戰論。但三十七年五月，在芝公園開催的日本宗教家大會裏，宗教家發表對於戰爭的態度時，大體都表同情於開戰論。

但一部分基督教出身的社會主義者，仍主張非戰論，卽開戰後亦幷沒有改變態度。

當時還有綱島梁川見神的實驗是宗教界的問題；梁川是老早就生活於主觀的信仰

的人，更進一步就成爲這見神的實驗，但同時亦是從個人的覺悟出發，想接觸基督的生命的。

三十八年五月，他在雜誌『新人』裏發表了『我見神的實驗』。發表的時候，很引起世人的注目，受了各方面的批評，論壇忽然熱鬧了。有些人說這不過是一種病的幻想，有些人說這是感情家陷於神經衰弱症的結果，有些人同情地解釋說這是從宗教的宗仰裏來的。

還有許多人，好像是對於物質主義的反動，唱導神祕的實驗。有稱作預言者的宮崎虎之助，有主張無我之愛的伊藤證信，還有末廣幸三郎，河上肇和近角帝觀等。明治末(四十四年四月三日起到七日止)在東京神田基督教青年會館，開催了萬國基督教青年大會，這是日本最初的國際集會，所以引起了各方面的注意。英、德、法、俄、荷、傘、瑞、丹、美、奧等二十二國參加了，出席代表有六百二十九人。

同月十七日，英國救世軍大將布斯來日，受了日本全國的大歡迎。有東京市長尾崎行雄及許多名士的歡迎會，還引見了明治天皇。

受這刺激，不久，全國佛教徒在淺草本願寺開了日本佛教徒大會；神職開了全國神道同志會；本鄉湯島聖堂舉行孔子大典。

同年八月加藤弘之著了『我國體和基督教』一書，說基督教的教育和日本的國體不能相容，但教會的地盤已強固了，所以多不願談及這問題。

明治四十五年二月，內務次官床次竹二郎對於墮落的人心，提出了一個提案，想矯正時弊，善導思想的提案；即，要使宗教的勢力更強大，須怎樣才好，爲要達到這目的，他就想催開神佛耶三教代表者的會合；雖有反對的，但終於決行了，在前後兩次會裏，決議了各宗派各自守本義，尊重主張，而貢獻於國家社會的風教。

這會裏，床次次官感於時代的頹廢思潮，想一掃唯物的現實思想，高調精神世界的美，刺激弛緩了的人心，而希望宗教家的奮起。

這計畫達到了目的沒有，雖是疑問；但離開從來宗教的偏見，政府同樣地看待神佛耶三教，卽使是政策，但以好感迎了那外來的基督教，因此而生出的好結果，的確是一種好收穫。

四 明治天皇的死及他的人格

明治四十五年七月，明治天皇死了。

明治天皇十六歲卽位，在位的後半期，正是多事的時候，日本之所以有現在，他的功績最大。他還是一個歌人。

七月三十一日大正卽位。同時到處都叫着大正維新，因爲這喊聲是一掃明治末的思想的混亂，和社會的倦怠性，而求潑辣的新生的曙光的。

但實際上依然是萎靡着，民心不安；只在其間，當第三次桂內閣成立後，由於勅諚問題，有過憲政擁護運動。交番（警察的小屋）和政府黨報館的被燒，警官或軍隊常和民衆發生衝突，終於在大正二年（民國二年）十一月由於桂內閣的辭職而終結。

五 頻繁的思想的輸入

現在且來看一看從明治末到大正初的文藝界及思想界。

日俄戰後擡頭了的自然主義文學，在文壇已種了不可拔的根據，但人類生活之內，除了現實的精神，還有浪漫的分量；所以隨時代的進行，自然主義亦走到終點了，而且又有新思想的輸入，因此生出兩三個新傾向。所謂輸入思想，即是指倭鏗，柏格森等的新哲學。

歐洲思想界在十九世紀後半，代了理想主義而勃興的，是現實主義；在哲學界文藝界和社會思想上，時代很顯著地成爲經驗的，科學的，現實的了。但到了世紀末，又站回康德的立脚地去觀察人生，而且是站在通過了現實主義的強固的地盤上，於是再生了新的理想主義。文藝界，於自然主義之後，有俄國和北歐的作家杜斯托益夫斯基，托爾斯泰，易卜生，史特林堡等，從自然主義的傾向裏，用一種深刻的態度，連續發表了許多作品，對於理想的思潮，宗教或道德上，給了一種很強的刺激。西歐各國接觸這些天才的深刻而嚴肅的思想藝術，立刻受了很大的影響，風靡了一切思潮。

新理想主義的哲學，前面已說過是反對自然主義的，同時又不忘却現實主義的精神，在根本上是承繼了康德的理想主義；但將牠內觀起來則非常複雜，不能總括地說明。在日本很普通的，是這些新哲學中的，德國的倭鏗和法國的柏格森的哲學。固然這些哲學是以實用主義的哲學爲前提，但兩者都將在十九世紀物質化自然科學化了的生命現象，截然從物質裏區別出來，爲要看出生命的特徵來，費了很大的努力，從物質的機械的小天地裏解放出來，更去充足內面的要求。倭鏗主張他那精神生活的實在；柏格森立脚於生命進化上，主張創造進化的精神現象。

這些理想主義的思想，離開了自然科學的觀察法，承認精神的獨立，從理性的境地裏去求生命的根本，開拓了發動精神能力的新天地；充滿了墮氣的日本思想界，和缺乏緊張性的自然主義文學，當然受了很大影響。

明治四十三年出了『白樺』雜誌，稱受了俄國文學的影響的一派爲白樺派，武者小路實篤，志賀直哉，有島武郎，里見弴，長與善郎等是這派的代表。同時有離反了自然主義的一派，所謂新浪漫主義的唯美主義享樂主義，這派有谷崎潤一郎和永井荷風等。這些作家都是用他們的魅惑的筆法，由於滿足官能的強烈的作品，去刺激讀者。

明治末，自然主義漸衰，於是勃興了新理想主義和新浪漫主義，全盛於世界大戰前後。此外還有夏目漱石一派的低徊趣味文學，亦很有勢力。

思想界只一步一步地求新，在大戰開始的時候，托爾斯泰的人道，羅曼·羅蘭的英雄主義，羅素，卡本德的改造哲學，新理想主義的哲學等很流行，幾乎沒有應接的工夫。這時候宗教熱亦很盛，佛教思想亦很有人研究；又，木里士，馬克斯等的社會主義思想，研究的人亦很多。

六　友愛會的創立和以後

大正初頭，有一個很重要的社會新運動。這卽是破了長久的沈默而起的友愛會的產生。友愛會由於歐洲大戰和勞働階級的自覺，很急速地發達了，終於代表了日本勞働運動界；但這裏只記述一下，自大正元年的創立時代到大正七年的友愛會及別的組合的活動。

鈴木文治氏以前就研究日本勞働者的生活狀態，很想要謀將來的向上；明治四十四年以來，他做了統一基督教弘道會惟一館的幹事，藉這機會，每月十五日在教會裏開通俗講演會，設了人事商酌部和勞働者相接觸，大正元年八月一日，在惟一館圖書室裏，產生了糾合十五個勞働者爲同志的友愛會。

鈴木氏被選作會長，同年十一月發行了『友愛新報』。看看這創刊號裏發表的綱領，就知道這會是在穩健的方針下進行：

(一)我們依從公共的理想，求知識的開發，德性的涵養和技術的進步。

(二)我們由於共同的力量，用着實的方法，求改善我們的地位。

（三）我們互相親睦，一致協力，以求貫徹互相扶助的目的。

所以并沒有受政府及資本家們的壓迫，只一年，會員就到了一千三百多名。

歐戰勃發時，日本經濟界的景况很不好。當時東京木斯林會社的男職工一千名解雇問題，由於鈴木氏的努力，結果使職工方面有利，使一般勞働者更知道有團結的必要。同時宣傳了友愛會的存在，入會者一時增加了。

大正四年，由於排日事件，日美問題很糾紛，爲要保持兩國間的情誼，派遣了勞働團的代表到美國去，鈴木會長和吉松貞彌氏代表日本的勞働團體，於六月十九日由橫濱出發預備出席於美國勞働大會。大正五年盡了使命囘來時，會員已經增加到一萬多了。從當時起，歐洲戰亂的影響，漸漸更顯著。日本事業界現了好景况，勞働者在生活上亦得到一點餘裕。一方物價騰貴，同盟罷業亦激增了。在這時期，友愛會想要強固基礎，大正六年創設了大阪聯合會及神戶聯合會，又在九州方面亦開始運動。

除了友愛會，還有以歐文工組合爲中心的印刷從業員的『信友會』，站在有力的地盤上，從事於運動，大阪亦有以機械及電氣工爲中心的職工組合同志會，橫田千代吉，西尾末廣，堂前孫三郎，阪本孝三郎等爲首領，繼續了極穩健的運動，六年一月解散了，到了八年又復活，而成爲大阪鐵工組合。

自大正元年到七年末，是組織的勞働運動的準備時代，很遽烈，受了當時歐戰的影響，更助長這新氣運的勃興。

第十一章　世界大戰的觀察

一　列强的帝國主義競爭的失敗

世界大戰是近代科學和人類生活帶來的大罪惡。在那規模上範圍上影響上，的確是人文史上最重大的事件。但若問在怎樣的意義上是劃期的，雖在戰後七年的現在，誰亦不能正確地指示出來。

只是，這戰爭是從一九一四年七月到一九一八年十一月，延長到五十幾個月，有二十八國參加了，互相殺戮，忘記了一切所謂人類同胞的道義觀念，用來新式武器的威力，極其狂亂。在這期間，犧牲了六千七百多萬萬圓的軍費，和約一千萬人的生命，使歐洲的文明大都市，化爲焦土。

費了那樣可驚的犧牲，得到些什麽東西呢？近世德意志的軍國主義者，曾主張在人類進化上，有戰爭的必要，但那是德國支配階級的惡夢。德意志共和國只剩下戰前國土的四分之一，又苦於對聯合國的賠償金，正在痛感武裝帝國主義的失敗。

二 弱小民族解放的失敗

十九世紀後半，有實力的進步國家，都努力要成立國民主義的國家，完成統一，準備二十世紀的世界政策；但還有許多沒有實現的。第一問題是奧匈國及土耳其帝國爲要存在，應怎樣對付各國的民族自覺漸成顯著的事實。第二是俄羅斯內的波蘭，芬蘭和別的邊疆各國的問題。第三是德國的亞爾沙士，羅蘭，波蘭；又，英國內的愛爾蘭亦是很久以前的問題。

到了二十世紀，巴爾幹半島漸漸多事了，各國民的神經亦變成很敏銳。受了日俄戰爭的影響，久被異教民族壓迫的土耳其，捲起了所謂靑年土耳其的運動，乘憲法問題和皇帝擁立的紛亂，波爾加利亞就宣言獨立。奧地利亦乘機宣言波斯尼亞及黑爾則哥惟拉（Bosnia and Herzegovina）的合併，強迫要土耳其承認。這是一九〇八年的事，從那時候起，巴爾幹半島的汎日耳曼主義（Pan Germanism）和汎斯拉夫主義（Pan Slavism）兩勢力，複雜地交錯着。

波斯尼亞和黑爾則哥惟拉含有多數斯拉夫民族。色爾比亞倚特俄國的後援，屢宣傳大色爾比亞主義，因此兩國國境問題常起紛糾。

正好在一九一四年六月二十八日，波斯尼亞和黑爾則哥惟拉合併的主謀者同時又以東方發展爲第一政策的奧國皇太子法朗西斯・弗的蘭夫妻正在大演習視察的途上，來到波斯尼亞的首都沙拉簄屋，被當時色爾比亞的排奧祕密結社的一青年所刺。於是就引起了世界大戰。

被壓迫的弱小民族，倚特同種民族的強大國，在民族自覺之下，勃發了這大戰，但到底給了滿足的解決沒有？

無論如何，着眼於戰爭的眞因是在這點，要想解決這事，卽要使達到戰爭的目的，這是美國大總統威爾遜的見解。

當時美國的地位，由於牠的參戰，就給了德奧最後的命運，對於聯合軍很重要。威爾遜大總統的懷抱，是那和平會議裏有力的指導精神，亦成了和平後國際問題的中心點。

所謂威爾遜的主張，卽是指在大戰中一九一八年一月八日給於美國議會的那所謂十四條。在那十四條裏，明瞭地表現了他的民族自覺主義，主張在戰前大國的壓迫之下失了自由獨立的弱小民族的解放。現在且舉出幾條來作爲參攷：

第五，列國對一切殖民地的要望，須考慮過政府的妥當主張和那關係人民的利益之後，遵守定其所屬的旨義；要光明正大地安排牠。

第六，牠國兵的退出俄國領土，解決俄國的一切問題，使俄國得以實行牠自己的政治發展和國民政策，給與世界各國的最大的援助，而且使俄國在牠自己所選擇的政體之下，被我們歡迎。今後幾個月的各國民對於俄國的待遇，正是他們對俄國的好意和對牠那不得已的情形的諒解及同情的試驗期。

第七，恢復比利時的領土，對於牠的主權，一點限制亦沒有，將牠和別的自由國民平等。

第八，一八七一年普魯士由法國割取了亞爾沙士，羅蘭兩州，因此攪擾了世界的和平幾乎有五十年之久。現在應當復舊，以穩固世界的和平。

第九，意大利的境界改定，務須明白地判別，要依民族綠去指定。

第十，對於奧匈國人民，爲了他們的自治發展，應當給與最初的機會。我們希望與匈國安定地成立在列國之間。

第十一，羅馬尼亞，色爾比亞，黑山等國的外國兵，應當撤退，而且應當恢復那占領地。色爾比亞於海洋應有自由的出口。巴爾幹各國的關係，要依隨歷史上確定了的民族統系，用互相的友誼協商去定。對於牠們經濟上和政治上的獨立，及領土的保全，應當給與國際的保障。

第十二，現在的惡托曼帝國的土耳其人居住的地方，應當是土耳其的主權。但在土耳其管轄內的別種民族，應當能絕對地確保生命的自由和自治發展的機會。大達尼爾斯海峽，應在國際保障之下，成爲列國民航海通商的自由通路。

第十三，獨立的波蘭國，應當建設作波蘭人所居住的領土內。對於海洋應當有自由而且安全的出口。政治上經濟上的獨立，和領土的保全，應當由國際協約去保障。

他的抱負是這樣遠大，爲要達到這些目的，得到充分的效果，於是成立了國際聯盟。他雖受美國國民的反對，亦仍原在純粹學者的理想之下，努力想貫徹他的初志。關於國際聯盟，後面再敘述；這威爾遜的弱小民族獨立問題的計畫，在大體上已成就了。這當然是由於他在巴黎和會的努力，但戰局因德奧兩國內起了革命，以致於戰敗，又俄國亦起了革命，於這計畫的實現上，給了有力的機會。

由於民族自決主義，巴黎和會的結果，使歐洲新興了許多國家；卽：

（一）波蘭（恢復了十八世紀分割前的地域）。

（二）捷克（舊奧地利領的博黑米亞，木拉惟亞及匈牙利的西北部）。

（三）南斯拉夫（舊色爾比亞領和黑山領的全部，及舊奧地利領的波斯尼亞，黑爾則哥惟拉及克洛阿剎亞等）。

（四）芬蘭（舊俄領芬蘭的地方）。

（五）益斯托尼亞（舊俄領波爾的海沿岸）。

（六）拉特惟亞（同上）

（七）里圖阿尼亞（同上）

這些新獨立國脫了大國的壓迫，得以呼吸於自由的天地裏。在他們看起來，威爾遜的民族自決主義，實是天賜的福音。

但現在想起來，這羣小獨立國，到底眞維持有光榮的自主權，在實現威爾遜的理想麼？又，於世界的和平和人類的將來有益處麼？這是疑問。

世界競爭場裏，只要有缺少實力不能在經濟上政治上獨立的國家，自然會求別國的援助，於是強國苦心於勢力的扶殖，而發生國際間的競爭。巴爾幹半島仍然是戰前的巴爾幹半島。戰後不久，就生了非烏未事件，發生了希土的衝突。

所以世界大戰對於幾世紀來的懸案的那基於民族自覺的自由獨立問題，亦幷沒有給什麽解答。

三　經濟的大發展了的美國

或以爲世界大戰是由於經濟的原因而發生的，尤其是英德的經濟利益的對立，是主要的原因。英國自十八世紀以來已是世界的大產業國，領有廣大的殖民地，握了通商貿易的霸權，但自十九世紀末到二十世紀，的確感到了新興德國的壓迫。英國在世界的各方面，是德國的競爭者，而恐怕被德國所凌駕。及到成了英國的關稅同盟，成了德國的海軍擴張，事態越更緊張，到了二十世紀就漸漸隔離起來了。

但兩大國的經濟商業上的發展更有互相扶助的必要。德國自己是英國生產品的大大的消費者，同時又將精巧的工業用原動力供給於英國，想起這點來，似乎那以為戰爭的重要原因是英德產業競爭的事是錯了，但亦不能完全忽視這事。

戰爭的結果，誰亦没有得到勝利的榮冠。自英德起，歐洲各國繼續了鷸蚌之爭，有四五年，做漁夫的是美國。

人口減少了，土地荒廢了，產業衰沈了，國力亦減退了，這戰後的歐洲，想要復興，最先要由於經濟力起。國家的存亡問題，比國家的體面問題更要緊。所以第一就求美國的援助；美國在戰爭中，舉行過產業革命，經濟上大大地膨漲了。於是在歐洲各國之上，美國就成了有經濟大權的霸王。經濟自然會和政治相關聯。因此對牠於戰後的國際政局，亦握有很大的實力。和平會議以來，幾乎沒有不由美國參加，發言和統率而成功了的國際會議。

(佔有全世界的金子的十分之四的

美國現在似乎忘記了國祖華盛頓的遺訓的『和歐洲的商業關係務求其盛大，政治關係則務求其小。關於歐洲政局混亂，最好不要投到那渦中去』的信條。

於是世界大戰，使十九世紀以來的歐洲兩大強國都倒了。

四　美國的世界的制霸

美國的經濟勢力，給與日本的影響，亦決不小。美國在經濟上征服了歐洲，還不滿足；老早就主張亞細亞的門戶開放主義，而且要求承認工商業上的機會均等。但牠自己的門戶，却對亞細亞民族緊閉不開。每事設有法律去限制均等的機會。然而在現今，一切國際問題的最後解決，全靠國家的實力。

現在美國在中國的經濟勢力，亦是牢不可拔的。

曾將俄國從滿洲朝鮮趕走了的日本，對於美國的經濟門羅主義亦沒有辦法。

由美國看起來，亞洲最大的障礙，就是日本。曾被美國所誘導了的日本，現在壓倒了中國而想稱霸於亞細亞。美國對亞細亞政策，自然會成為對日本政策了。但現在，在各方面為世界第一的美國之前，新興的一等國，是不算什麽的。事實所證明，沒有辦法。

巴黎和平會議裏，有山東問題，有移民問題，又催開了華盛頓會議；一切太平洋問題，日本只照着美國所希望的，有意識地或無意識地接連讓步。

第十二章　世界大戰和民主主義的擡頭

一　俄國的革命運動

二十世紀應當解決的，是民主主義的問題；換言之，以第四階級爲中心的社會問題，已由一九〇四——五年的日俄戰爭而擡頭了。

纏繞於這民主主義的事件，於世界大戰的局面，亦有重大影響，俄國和德國所發生的革命，是終結戰爭的直接原因，同時，世界大戰的產生了俄德革命，即是對於民主主義給了某種程度的解答。這是世界大戰對於人類文化的最大貢物，大戰的意義亦在這裏。

俄國的歷史，政治組織，社會階級，人種，國民性，國民生活等情形，引起了這次大革命。

常是不安定的俄國社會，爲了大戰那特異的事件，隨着時代的推移，形勢一刻刻地向於危險。政府當局只和資本家相結托，求私慾的滿足，對於下層階級的生活困難，毫沒有社會政策的設施，政府部內，似乎竟有賣國的行爲。不久就流布了和德國的單獨講和說，人民對於政府的疑心越大了，牠方，國內的食料問題，又增加了生活的不安。

這樣情形，是社會黨一派的最好機會。那巧妙的宣傳，和對於多年的專制政治的不平，終於奮起了民衆，使軍隊反戈，成爲革命的援助者。於是三百年來的羅馬洛夫王朝的榮華，亦就化爲烏有了。

『正在和外敵戰爭的時候，國民之間生了動搖。象棋俄國的命運，勇敢的軍人的名譽及國民祖國的將來，這戰爭必須繼續到最後。我爲要祖國國民的一致協力，爲要這戰爭支持到最後，情願退去俄國的帝位。』

還是皇帝尼可拉斯二世的退位宣言書，一九一七年三月十五日公布了的。

後來路屋夫公爵組織了臨時政府，勞働黨極左派的克連斯基做了司法院長，但俄國還没走到應走的地方去。及到後來由勞働者一千八裏舉出一個代表，軍人一中隊裏舉出一代表，組織了所謂勞兵會，於是亡命於海外的社會主義者，又聚集於首都了。

七月初，基礎很薄弱的路屋夫政府瓦解了，組織了克連斯基新內閣。但戰爭漸於俄軍不利，過激派又漸次穩固了地盤，扶殖了勢力，只等時機，國內及戰線的秩序很亂，幾乎不可收拾。然而若就斷然地移到勞働者獨裁的政治組織去，不免更要混亂。

這時候，過激派活動了，勞兵會到了特洛慈基做會長，完全受他的支配，十月占領了聖彼得堡的政府各機關，開了革命的端。

十一月，克連斯基政府倒了，成立了列寧一派的蘇維埃政治，勞兵會改爲人民委員會，列寧做了人民委員長，用武力奪取了政權，組織新政府，實現了勞働者的獨裁政治。

二　尼可賴・列寧

尼可賴・列寧是他的假名，是爲免避政府的壓迫用的；眞名是烏里亞洛夫。他於一八七〇年四月生在一貴族家裏。他的父親是熱心於教育的人，從小時在家庭就很有研究學問的機會。

他的哥哥早就投身革命黨，爲亞力山大三世暗殺的陰謀事件所連累，一八八六年處了死刑。這事實對於當時只十七歲的列寧，給了很深的感動和印象。他成長於母親的慈愛的懷裏，在鄉下的中學畢了業，就入了卡贊大學的法科。後來轉到聖彼得堡大學研究法律經濟政治，成了辯護士，他的熱烈的意氣，終於使他投到政治運動裏去。

他信奉馬克斯主義，發表了許多論文，常幫助勞働階級，和勞働者同住，教育他們；爲要刺激鬥爭心，用小册子去宣傳，又策劃同盟罷工。

所以不久他就被捉，投在聖彼得堡的監獄裏，一八九七年追放到西伯利亞。直到一九一七年的大革命，他的亡命時代繼續了二十年。但他仍努力研究，指導本國的無產階級。

雖從西歐流浪到巴黎瑞士，但常和本國連絡。一九一七年三月，本國革命成功，成立了克連斯基內閣的時候，他經過德國，回到首都。和特洛慈基主張革命，在兵士和勞働者間宣傳，受了他們的支持，終於建設了新俄羅斯。

無論如何，他是現代的大人物，是在戰爭所產生的世界大人物之中最傑出的一個。英國的哲學者思想家的羅素，曾將他和相對性原理的發見者愛因斯坦對比，算作現代的兩大人物。

尤其是，他在因襲的俄國，竟做了震駭世界的大革命的指導者，做了蘇維埃政治的柱石，有統率民衆的優秀才能，同時還能用最冷靜的頭腦，在那多忙的生活中去研究學問；過激派中，雖有許多學者，他是其中最傑出的。在他的許多著作中，『國家和革命』N. Lenin, Staat und Revolution. (Berlin-Wilmersdorf 1918)(英譯本亦有)是最明白地說明了過激主義的內容和意義的，過激主義的根本思想亦很清楚。現在且就他所說明的，稍來研究一下過激主義的本體。

三　列寧的國家學說

過激主義(Bolshevi·m)幷沒有出乎眞正的馬克斯學說以外。唯物史觀，資本主義的崩壞論，社會民主主義等都是馬克斯主義的正統。馬克斯主義是原理，過激主義補足了方法。

列寧以爲國家常由兩個階級而成。卽支配階級和被支配階級。有這階級的支配，國家才能存在。古代沒有階級，所以亦沒有國家。但隨着經濟的發達，於是發生了兩個階級；卽生產階級和榨取階級。這樣就成立了國家，國家的組織，種種地變遷過。但只要都是由兩階級的對立所維持，則不能說是理想的社會。於是不得不希望完全沒有階級支配的國家和社會。但這幷不是要回到古代一樣的原始社會去，而是要造出進步了的無國家的社會來。這當然不是一朝一夕所能成功的，必須有順序。要通過這順序然後達到最後的理想社會。最先就要解放被壓迫者，將他們都昇到支配者的地位。因此階級的支配就沒有了，個個都須勞働。『不勞働的就沒有飯吃』是過激主義的標語。在這意義上，俄國的革命，是由被壓迫階級所決行的。革命之所以能成功，是因爲下面舉出的幾個原因：

（一）國民生活的全組織，急激地崩潰了。

（二）貴族社會的風紀，極端頹敗。

（三）薄弱而沒有組織的中產階級。

（四）貧窮了的，倦於戰爭的，反逆心很盛的，絕望的人民。

（五）最大多數的熱望土地的農夫。

（六）組織了幾百萬軍隊的勞働者及農民，而且他們突然不顧軍紀軍律——爲革命而活動的這些被解放而武裝了的人民。

（七）比較強固有組織的各大都市的工場勞働者，他們是在國內唯一有活動力及團結力的。

（八）由歐洲的社會主義學說所訓練了的，而且隨時都指導大衆的有決斷力的社會主義者團體。(Morris Hillquit. Fram Marx to Lenin P. 28)

這些原因，并不是在俄國的經濟或政治的通常發展狀態上的，二世由戰爭那特別事件所釀成的。

列寧一派的所謂勞農政府，因爲承認民族的自決，所以邊境各國都先後宣言獨立了，又和德國等同盟國方面締結了單獨講和條約。俄國這些事實，已不止於是國內的問題了。給與聯合國各國家的影響非常大。爲了單獨講和，以致聯合戰線的崩壞，由於國債破棄的聲明所受的大損害，無產階級獨裁所給與的政治上的惡影響，這些終於使聯合對俄武力干涉，送軍資和武器去援助反革命軍，實行經濟封鎖，以開拓俄國復興運動。但過激派得到全俄人民的熱烈的應援；勞農政府的根基，只有一天一天地更強固。聯合國的計劃亦漸次改變了。

四　德國的民主主義運動

『三十年間，德國陸軍是我所自慢的，爲了陸軍，爲了我生活過的陸軍，我精勵努力了。然而現在於得到四年半的勝戰之後，正將要恢復和平，而陸軍竟在背後受了革命論者的打擊。公然起了反叛，而且竟是我所創設的海軍內，這是我所最痛心的深刻的事實。』（大阪每日新聞的前德國皇帝的自叙傳）

這是一世的軍國主義者威廉二世對於（三十年間好像手足一樣地服從自己的命令的）軍人的反逆的述懷。於是賀恩踹弄家的世界帝國建設的夢，亦就醒了。

德國社會主義運動的歷史，卽是社會民主黨的歷史。十九世紀中葉以來的種種社會運動，到了同世紀末，就合併到奉馬克斯主義的德國社會民主黨的本流去了。

由大戰所致的物資缺乏，勞働者的生活困難，西部進入軍的戰略上的失敗等，都是革命宣傳的好機會。而且鄰國兼同盟國的奧地利的革命的騷擾，和俄國的革命成功，對於德國的社會主義者，給了强烈的刺激。這亦是應當注意的。

奧地利的社會民主黨，最初是支持了帝國主義的戰爭。隨着戰爭的進行，國內更疲弊，社會民主黨左翼的小阿多拉在全國開始了猛烈的非戰運動，一九一六年十月首相斯抽爾克被暗殺。這革命的烽火爲了次年二月發生的俄國聖彼得堡的革命，更猛烈了。

於是俄國依照過激的主義，派了許多人去向德國的軍隊宣傳革命。俄德講和後，從東部移到西部戰線去的軍隊，已經染有革命思想，德國軍閥最後的作戰計畫，終於完全不成功，德國軍漸次陷於窮境，在國內起革命的事是必然的。

一九一八年秋天，在國內及戰線的多數勞働者和軍人之間，大聲要求『麵包和和平』，各工場裏有和平要求的同盟罷工和示威運動。十月，奇爾軍港的水兵團的暴動，成了全德意志反亂的動機。

德皇不得已宣言退位，十一月十日逃到荷蘭去了。政府由多數派社會黨和左翼的獨立社會黨所組織，但主張無產者獨裁的斯怕爾他卡斯團，勃發了第二次革命。多數派社會黨得到國民的支持，終於在一九一九年一月將這暴動壓住了，旋即召集了憲法會議，制定了民主共和的新憲法，多數派社會黨首領愛柏爾特當選爲大總統，囑德曼被任爲首相。新首相在二月十三日組織了新內閣。那內閣是由代表無產階級的多數社會黨的大臣七名，和七名代表中產階級的閣員而成的，是多數社會黨和中央及民主黨的聯立內閣。

後來德國屢起不安和騷擾。六月的講和條約問題，一九二〇年發生了帝政派的復辟運動，此外幾乎不停地有各種反動運動，每次都有流血的慘事，但仍沒有推翻德意志共和國；國外問題，要防備俄國共產主義的赤化運動，又，議和後對聯合國的賠償問題，實是全國民的重大責任。德意志共和國的前途，是多事的。

五　新舊德國憲相差和民主的傾向

我們在前面，已說過普法戰爭前後的國家主義的德國政治組織；現在再概說一下新共和國的德國政治組織，藉此可以知道德意志帝國進向民主主義的步程。要明白現今德國的政治，最好去參攷牠的憲法。

德國憲法是一九一九年八月十一日制定的，開始有：

「德意志國民希望各民族相協力以自由和正義去改造國家，使牠鞏固，保持國內外的和平，催促社會的進步；因此制定這憲法。」

第一條有：

「德國定爲共和政體，

國權發自國民」(Die Staatsgewart geht vom volke aus.)

在舊德意志帝國的憲法裏，決找不出這樣的條項來。舊憲法第十一條裏有「聯邦長的地位，屬於有德意志皇帝名義的普魯士國王」的規定，皇帝在聯邦參議院有獨裁權力，這是多大的差異？

新憲法採用普通選舉制。在一切別的聯邦或自由市，亦是以同樣的規定去選舉代表。

共和國的主權者大總統，是由全德意志國民的直接選舉，滿了三十五歲以上的德國人，都有被選舉權。因此，大多數國民的自由意志，有時或許會選出不適當的或反動的人物來，但依從民主的本義，結局必須國民自己去證正。第四十二條裏有這樣的規定：

『國大總統當就任時，在議會裏，有下面的宣誓。

我發誓將我的力量貢獻於德意志國民的幸福上，增進他們的利益，除去障害，遵守國家的憲法及法律，依從良心盡我的義務，無論對誰都以正義行事。……』

新德意志照代議政治的本義，用了議會本位的責任內閣制，一切政治遵多數國民的意志執行，因此關於行政有這樣的條項：

『第五十三條，國宰相由大總統任免。

國務大臣則由宰相的請求，然後再歸大總統任免。

第五十四條，國宰相及國務大臣要在職，必須有國議會的信任。（Der Reichskanzler und die Reichsminister bedürfen zu ihrer Amtsführung des Vertrauens des Reichstags）國議會由明示的決議表示不信任的時候，宰相或國務大臣就須辭職。』

此外還承認了關於國民的發案權，請願權或國民投票權等的許多直接的國民參政權。（Heinrich Ströbel. The German Revolution and After.）

新德意志的憲法，在制定當時，亦被種種地解釋過批評過，有些說是『全世界最自由的最民主的憲法』，有些人說，『通新憲法的全條，什麼新機軸亦找不出。完全遺留下舊時代的階級國家的特色，即，個人主義的資本主義經濟，搾取的自由，法律、裁判、軍事和戒嚴令的壓迫等。』右翼派因爲是將牠和別的共和國的憲法相比較，所以加賞讚；左翼派是以社會主義國家的理想憲法爲標準，所以發見許多缺陷。

總之，若以國家的傳統和憲法制定當時的情形——經濟的及政治的——爲前提考察起來，可以說是市民階級和右翼社會主義者的妥協的結果所生出來的。

德意志共和國所生出的煩惱實在很大。有人主張要將舊德意志徹底地改造，這是共產主義者斯怕爾他卡斯團等的主張。但當局者知道國民對於理想和實際的混同。俄國社會主義的先覺蒲列哈洛夫曾說過：『社會主義者卽得到政治的實權，亦不可急於實現理想。理想卽能打破歷史，歷史是不許人類生活急變的。』德國的社會黨員很明白這事。又知道目前俄國的混亂，所以深想過他們祖國當時的環境。德國有許多社會主義者，當握到了政治的實權時，竟放棄了理想的社會主義。所以德國社會主義的理想，并不是世界主義，而只是德意志民族主義。德國的保守、進步、左派、右派各政黨的政策雖各不同，但那根底上，都存在有『祖國』的觀念。

六　英國的勞働運動和勞働黨的發達

一九二四年一月二十日，英國出現了勞働黨內閣，這是世界大戰後民主主義運動的大收穫，給了反響於全世界。

產業革命的產兒的勞働運動，在英國早就發達了，但遇到許多迫害和困難，縱了很多磨鍊才隆興了的。英國的勞働運動，大體是從四方面發展起來的：

(一)爲要維持生產者的產業生活的標準而使其向上的職工組合運動。

(二)爲要改善勞働階級的物質條件和要對抗着高價及暴利的（主要是消費者的團體的）消費組合運動。

(三)爲要平等地增進各階級的福利，爲要得到立法或立憲的手段的筋肉及知識勞働者的政治上的勞働黨。

(四)爲要處於新社會的勞働者教育運動。

上面第三的勞働黨，在戰後特別發達了，終於在議會裏佔了多數而握了政權，在和平裏自然地發揮了無產階級的實力。要說明這事，必須以一九一八年的勞働黨的『新憲法』和同年英國的選舉法改正爲前提。英國的選舉法在一八三二年大改正過，後來又經了一八六七年和一八八四年的兩回改正，選舉權漸次擴張了，有總人口的七分之一的有權者．但還沒有達到普通選舉，婦女參政的要求亦還不很盛。及到參加了世界大戰，許多勞働者或在戰場或在工場爲祖國盡了力。尤其是婦女勞働者的數激增了，送到戰場去代替男子在公私的工場裏活動，男女勞働者的數和戰前完全成了反比例。而且，開戰三年，打破了自由主義的歷史，創設徵兵制，國民都負有兵役的義務，若不徹底地改正選舉法而實現民主主義政治，則俄國和德國的前例難保不傳到英國去。

所以於一九一八年三月成立了改正案。這選舉法完全廢除了從來的財產條件；滿二十一歲的男子，就都有選舉權；在居住的點上，從來是要在一定的選舉區內居住一年，但現在減作六個月，而且承認了婦女參政權，這是特點。新法裏，對於三十歲以上的婦女，若自己成了家庭，丈夫或自己每年有五磅以上的不動產的，就給與選舉權。此外，一人不許有二以上的複投票，承認陸海軍人、船員、漁夫、商人等的郵便或代理投票，又，下院議員的人數由六百七十增加到七百，選舉區亦改正了。一九一八年以前的有權者是八百萬人，現在增加得超過了一千六百萬，有全人口三分之一的有權者，其中有六百萬人是新獲得參政權的婦人。這幾乎近於無限制的普通選舉，是政治上的一大改革。

所謂勞働黨的『新憲法』，是指那組織的改造案的成立，一九一八年二月的特別總會裏可決了的。內容是以勞働黨和黨員的關係為主，從來的勞働黨，是由勞働組合、社會主義團體及協同組合而成的組合組織，但依新憲法而承認了個人會員的入會，亦准許婦女有權者的加入，作為將來握了政權實現黨的抱負時的準備。即宣言：

第一，在議會及各地方組織維持政治的勞働黨，而且在各地方選舉區裏確保地方勞働黨的設立。

第二，不問筋肉勞働和腦經勞働，對於一切的生產者，給與他們的勤勞的完全的收穫，保證以生產方便的共同所有及各種產業或勤勞上的民主管理和經營的制度為基礎的公正的富的分配。

第三，使人民在政治、社會及經濟的關係上得到解放，尤其是對於為要得到生活資料而依賴乎或頭腦的勞働者們。

第四，和英帝國各領土的勞働團體及社會主義者團體相協力，使勞働黨的目的進步，又，取一種於使各國勞働者的社會生活及政治生活的標準向上有必要的聯合行動。

第五，爲要維持自由及和平，爲要由和階級仲裁去解决國際間的爭議，爲要實行國際立法，所以要和牠國的勞働團體及社會主義團體協力去援助國際聯合的組織。

由這宣言弄明了從來議會裏的各政黨和勞働黨不同的立場，而且設立了雖是地方團體員亦得爲勞働黨員的原則。

又，明示了勞働黨的目的的新綱領，題作『勞働和新社會制度』(Labour and New Social Order)，一九一八年六月在該黨的大會裏可决了。勞働黨主張戰後的新社會秩序必須由下面的四項去建設：

(A)國民最低生活費的一般實施。

(B)產業的民主管理。

(C)國家財政上的革命。

(D)提供剩餘財去爲公共的福利。

第一是要求國家使一般國民過健康的自然生活，而且要保證勞働者的生活程度，不會因惡景況和失業而成爲最低限度以下。爲這目的，勞働黨擴張了工場法保健法住宅法教育法和失業救濟法等內容，以求實現保證一般最低生活的政策。第二是擴張鑛山鐵道運河電氣等事業，別的事業亦漸次由國家的監督而移歸國有。第三，勞働黨對於戰爭所生的國債，由對一切的資本以累進率課税法去銷却；對於爲養家所必要的額以上的收入，改正了所得税，而直接課税。第四，爲要發揚國家產業的能率和防止社會秩序的頹廢，沒收超越了一般生活標準的一切剩餘利，而提供於社會幸福。於是勞働黨就成了對資本主義挑戰的一政黨。

七　勞働黨新內閣的出現

一九一八年十二月，英國舉行了總選舉。這總選舉是自新選舉法發布以來只十個月以後就舉行了的，勞働黨艱難使一般有權者徹底了解那新組織和綱領；所以結果只在議會裏占了七十四個議席。一九二二年十一月，厭倦了路易喬治的獨裁政治的國民，就擁立了温厚的波拉·羅的保守黨內閣。這時候勞働黨竟選出了一百四十二名議員，在議會裏是第二黨了。

保守黨內閣握了政權的時候，戰後經濟界的不振，到了極度，失業者不停地增加，結果，那標榜『產業恢復』和『失業救濟』的保守黨亦被人攻擊了。不久，首相換了鮑德温，自治領特惠關稅問題，新嘉波海軍根據地設置，移向保護貿易的政策等保守的色彩很濃厚，但仍原沒有人望，而且又隨着法國的占領魯爾，產業界越更衰沈，保護關稅使一般物價騰貴。當時，鮑德温竟大膽解散了議會，決意要表示民意的存在。

總選舉時的勞働黨實受了苦，但黨員很拼命地奮鬥，零碎的捐款是從祈禱着勝利的無產者們收集來的。國民的大多數，早已知道自由和保護等言論的遊戲決不會招來多數國民的幸福。這總選舉是勞働黨對保守黨和自由黨的挑戰，亦是社會主義政綱對資本家態度的挑戰。關於社會組織的根本問題，國民總得選一邊。

總選舉開票的結果是——

保守黨	二五七名	投票數	五，五二七，五二二
勞働黨	一九二名	投票數	四，五〇六，九三五
自由黨	一五六名	投票數	四，二七八，四二八

於是打破了（所謂兩大政黨的對立的）從來英國議會政治的慣例。這三黨之中沒有佔絕對多數的。對於當時勞働黨所提出的內閣不信任案，自由黨亦參加，所以以七十二票的多數通過了，這就成爲鮑德溫內閣的總辭職；次年一月二十二日第二黨的勞働黨首領馬克唐納（Ramsay Macdonald）起來了。勞働黨在議會裏雖不是絕對多數，但由於立場不同，所以和自由黨的聯立內閣，事實上不可能；因爲第二多數黨是勞働黨，所以由牠去組織政府。

勞働黨內閣的成立，是很有興味的。在有長久歷史的英國議會政治裏，出現了有社會主義政綱的內閣，的確在議會政治史上劃了一新紀元，亦是爲全世界的無產階級吐了萬丈氣焰的。勞働黨在議會裏的勢力，還沒有達到多數，是在很不安的立場上，因此那存在，是短期間的，而缺少推行聲明過的政策——使國民實現由於互相扶助和產業民主制的共存共榮——的實力，但至少在形式上，是以立憲的方法，和平地行了政治上的一大革命，由此可以知道英國勞働運動的充實，和國民的有政治教養。同時對於全世界的勞働者和無產者們明示了：卽不由過激的革命的方法，亦可以隨那實力如何而能掌握一國的政權。

第十三章　大戰後的和平主義

——和平會議和日本——

一　國際聯盟的概略

延長到四五年的世界大戰所給與人類的最強的刺激，是對戰爭的恐怖；講和後，無論資本家或勞働者似乎都希求永久的和平。這時候，在威爾遜的宏遠的理想之下，成爲巴黎和平條約第一編而產生了的，是國際聯盟規約（Pacte de la Société des Nations; Covenant of the League of Nations.）

現在雖不能很詳細地去敍述國際聯盟的內容和活動，但可以提出聯盟規約的一部，敍述一下國際勞働機關。

關於國際聯盟的機能和功罪，議論很多。雖有人說：只要握有經濟霸權的美國和擁有廣大土地及實力的俄國及同盟國方面不參加，則難望聯盟的實際效果；但現在世界已有五十五國加盟了，包含了十四萬萬人，正相當於世界人類的五分之四，誰亦得承認這實力。

只是這規約的內容，因爲太尊重各國的主權，所以到底難希望聯盟的效力，但加盟國常由列國的監視，而促其反省，這是牠的價值。永久和平是人類全體的理想，爲要達到那理想，須漸次培育這國際機關，這是各國民的義務。

所謂國際聯盟到底是什麼？國際聯盟，是世界各國爲要減少戰爭的機會，增進和平的保障及國際協力，而共同努力組織了的常設獨立機關。

這聯盟的規約，從一九二〇年一月十日就發生了效力。規約的開始，說明了一般的原則：

『締約國要：

應諾不訴於戰爭的義務。

規律了在各國間的光明正大的關係。

確立國際法的原則，作爲規定各國政府的行爲的規準。

當有組織的人民互相交涉時，保持正義幷且嚴密地尊重一切條約上的義務。

去促進國際協力，完成各國間的和平安寧，因此協定這聯盟規約。」

國際聯盟的執行機關有：一，聯盟總會，二，聯盟理事會，三，常設聯盟事務局。

聯盟總會是由各聯盟國的代表者（不得超過三名）組織的，每年九月定時或必要時可以隨時開會。聯盟國各有一個票決權，職務是屬於聯盟的行動範圍內或有影響於世界的和平的一切事項；據過去的事實說起來，是：新加盟國的承認，豫算的監查，非常任理事國的選舉，常設國際司法裁判所的選舉等。聯盟理事會是由日本英國法國意大利四常任理事國和每年總會所選出的六個非常任理事國所組織的。理事會的機能，完全和聯盟總會相同。因爲當初常任理事國加上美國是五國，在這所謂五大國之外，再選舉四個小國當作非常任理事，多數是在於大國；理事會裏，這些大國握了國際政治上的實權。但美國在本國內拒絕了條約的批准，所以常任理事就成了四國；又，總會及理事會依照規約的精神，將非常任理事國增加成六國。常設聯盟事務局是總會及理事會的附屬機關，只有一個行政事務所；那事務總長亦須得到聯盟總會過半數的同意，再由聯盟理事會去任命的，沒有什麼政治機能。

此外，還有受理國際聯盟的重要部分的兩個機關；即國際司法裁判所和國際勞働機關。是由下面這條文所生的：（聯盟規約第十四條）

『聯盟理事會，應當做出常設國際司法裁判所設置案，而付於聯盟國的採擇；該裁判所對於有國際性質的一切紛爭，若係那當事國所托付，則有裁判的權限；又，該裁判所對於聯盟理事會或聯盟總會所諮問的一切紛爭或問題，可以提出意見。』

一九二〇年以來着手於創立的準備，一九二二年一月由十一名正式審判官及四名候補的，開了第一次會。日本選出法學博士織田萬氏做審判官，該裁判所的常設地是在海牙。國際司法裁判所是代表聯盟的司法權的，裁判一切國際爭議，而給與判決。亦有時當作理事會及總會的機關，發揮那職能。

國際勞働機關的活動，在國際聯盟的事業中是很重要的，後面再去敍述。聯盟還有種種專門機關，各設有專門委員會，補佐理事會。有關於財政經濟，交通，保健，兒童，婦女等許多部門。

和平保障是聯盟的目的中最重要的：

（一）軍備限制。

（二）對於侵略的保障。

（三）戰爭或戰爭的威脅都認爲是聯盟全體的利害關係事項。

（四）訴於戰爭以前，要取和平手段，努力於協調和解。

（五）用適當的手段去保持和平協定。

（六）在規定了的情形之下，若某國竟訴於戰爭，則給以制裁。

以上各項裏，雖尙有許多點沒有發生什麼實效，但關於一九二三年夏天的巴爾幹半島各問題，亦有了相當效力。還沒有達到超國家的組織的聯盟，在許多點上關於國家主權發動的各問題，還不能希望發揮實力。

聯盟創設以來的實際活動，雖說是大國的專制，但留下的功績亦不少。例如可爾夫島占領的意希紛爭的調停等，得以和平地解決，是聯盟的功勞。但關於軍縮，聯盟很無用，對於魯爾占領等，聯盟的能力很微弱。不能公平地處置，這是使人不滿足的。

關於國際聯盟不能徹底去討論，但總之，在現代這樣複雜的國際社會之下，想各國孤立地去解決問題，實在不可能。想要眞的世界和平和國際協力的完成，無論如何，像國際聯盟一樣大政治統一機關是必要的。

所以即不滿於聯盟的現狀，亦不可不擁護牠，使牠發展，以求將來的改革而達到目的。這是在於各國民的自覺。

二　日本對德宣戰和陸海軍的活動

一九一四年八月十五日，日本政府對德國政府發了要求無條件允許的最後通牒。內容是這樣：

(一)德國艦艇立刻退出日本海及中國方面，不退去的，即應解除武裝。

(二)德國政府要以將膠洲灣租借地全部還給中國的目的，限於一九一四年九月十九日，無償條件地交付給日本政府。

但到期還沒有接到回答，於是就開戰了。日軍在神尾將軍的指揮之下，編成了青島攻圍軍，又加上英軍，結果於十一月七日青島就完全被日本軍佔領了。日本海軍亦追擊了德國的太平洋艦隊。大正三年十月，馬謖爾羣島，馬利亞那羣島和卡洛林羣島等德國在南洋的領土，都被日本海軍佔領了。

此外，在印度洋方面，和英國艦隊協力擊沈了敵艦益姆登號。

三　巴黎和會的人種平等案和山東問題

從一九一九年一月十八日起，在巴黎開了講和預備會已，同年五月在凡爾賽開了本會議。

日本因爲參了戰，所以派了代表出席於和平會議。出席的是西園寺公，牧野男，珍田，松井，伊集院的各特命全權大使。

講和會議的問題中，現在來記述一下人種平等問題及山東問題的經過。

經過了四五年悲慘戰爭的和平會議亦仍原還是大國的專橫，所以日本全權所提議的關於人種平等的問題，竟兩次都被否決。

一九一九年四月，在國際聯盟規約修正委員會裏，日本的委員，最初想插入人種或民族的平等待遇的事，當作聯盟規約中的一條，後來又退一步，希望在聯盟規約的前面，加入原則的文句：『承認各國均等的主義，正當地待遇那些國家的國民。』

但關於這問題，於英美各國影響最大的，是移民問題。日本的委員看見形勢不大好，於是在這主張之中，聲明了和美國等的移民入國限制問題沒有關係。議決的結果，十八名委員中除去一名，以六對十一的多數議決了，但委員長威爾遜以爲不是全員一致，終於否決了。後來在全權會議裏，亦仍原不被採用，日本只好撤囘了修正案。

威爾遜對於弱小民族，承認人種的差別待遇那一層是沒有什麼意義的。不撤廢人種的差別，決不能說是除去了戰爭的原因。後來的日美移民問題，亦就是從這裏出發的。

山東問題是和人種平等案同時，亦是在和平會議裏很困難的問題。但結果是日本的勝利。

日本打敗了德軍，佔領膠洲灣，想永歸爲己有，但中國全權陸徵祥等強硬反對，美國國務卿蘭辛氏亦援助中國；以爲青島之權利，當然要歸返中國。

當時意大利全權阿蘭氏爲了阿德利亞海問題離開了巴黎，所以山東問題只由美英法三國的代表去審議；但英國是幫助日本的，而國際聯盟的成立，意大利正沒有參加，威爾遜怕日本爲了山東問題而絕拒條約的調印，終於讓日本得了勝利。

於是山東及膠洲灣的一切權利都歸於日本了。但中國的全權代表大反對，而拒絕了講和條約的調印。卽在美國亦起了山東修約反對的大運動，美國上院保留了批准，而且這亦是和平條約反對的一理由。

蘭辛卿的和平會議祕錄裏，關於山東問題，有這一段：

『實在我要對日本說的是：「若日本說不附還德國曾從中國掠奪去的東西，那麼，我們就不希望日本加入國際聯盟」，若日本聽得這話就憤然辭去，那更妙。因爲只要能夠，我們眞想除去帝國主義色彩很濃厚的政府。但我想日本大概不敢站到國際聯盟的圈外去，而終於會屈服；因爲日本在這次的世界會議裏，占了優越地位，日本的狡猾政治家當然不願爲了膠洲灣而失去現有的優越地位。事件的一切，是極不愉快的，惡劣的。威爾遜氏的動機雖很好，但結果竟讓步了。』

所以山東問題在巴黎還沒有解決。一九二一年又提出於華盛頓會議，最後在美國的干涉之下，才解决了。

四　國際聯盟的委任統治制度，南洋的日本委任統治區域

其次來敍述一下日本在南洋的委任統治區域，幷說明一下國際聯盟的委任統治組織的內容。

關於國際聯盟的委任統治的規定，是在從來的國際政治上沒有先例的制度，排斥帝國主義政策，亦可以認爲是民族自決主義的延長。發案了這制度的人，是南非的斯馬持將軍，雖有許多反對者，但威爾遜採用了作爲聯盟規約第二十二條。

這國際的管理制度，依那被統治人民發達的程度，領土的地理上的地位，經濟狀態及別的類似的情形，而設有各種類，委任的方式亦不同。

第一是指『屬於從前土耳其帝國的某部族』的統治，將這名爲甲式委任統治，這地

方的住民，雖發達到可以獨立而受假承認的程度，但暫且仍由受任國給與施政上的助言和援助。這施政上的援助和助言的程度範圍，很不明白，但實際上是被統治民可以自治，對外主權則由受任國掌管。

第二是乙式委任統治，在聯盟規約第二十二條的第五項裏，比起甲式的那個來，是對於文化程度更低的中央阿非利加人民的。受任國完全握了政權，和本國的殖民地一樣，但這亦有限制。即，一，給與良心及信教的自由；二，禁止奴隸的買賣或武器及火酒類的販賣等弊習；三，禁止築城或陸海軍根據地的建設及土民的軍事教育；但受任國可以取於警察或地域防衛有必要的手段；四，確保對於牠聯盟國的通商貿易的均等機會。

第三的丙式委任統治，是遠離文明的中心，人口稀薄面積狹小的地方，受任國要和那國土接近，可以看作是自國的延長，而努力於住民的開發。這些地方是指西南非洲及南洋諸島等地域。又，受任國對於土民亦須給與乙式裏所記了的保障。

日本在和平會議以前，由於和英國及法國的協定，決定了領有南洋馬睛爾及卡洛林兩羣島，但因爲產生了委任統治的規定，在丙式委任統治的規約之下，成了舊德領太平洋各島裏的赤道以北各島的受任國。

又，聯盟理事會在一九二一年二月，由規約第二十二條，任命了由九名而成的委任統治委員會，用公平的態度去調查研究受任國所提出的委任統治年報，努力於達成聯盟規約的目的。

五　國際勞働會議的內容

現在世界的國際勞働運動，可以分作兩種來觀察。第一是附屬於國際聯盟而且是聯盟的最大部分的國際勞働總會；第二是勞働者們自己的國際組合運動；這裏面有幾種國際(International)。無產者的國際運動有社會主義者的國際和國際勞働立法協會，但這裏除外。

國際聯盟規約第二十三條第一項，這樣規定着：

『在本國及爲通商產業關係所及的一切國家內，要爲男女兒童去盡力保持公平而人道的勞働條件，幷且應當設立和維持爲這所必要的國際勞働機關。』所以國際勞働機關是爲補助聯盟的活動而組織的。內容詳細地規定在凡爾賽條約裏，以那第十三篇做勞働篇，全文是由四章四十二條成立的。

這第十三篇的前文，向全世界無產者解放，表示了大理想，用很莊重的辭句敍述着：

『國際聯盟以世界和平的確立爲目的，而世界和平，只有以社會主義爲基礎才能確立，所以對多數人民的不正，和困苦及窮乏的現今的勞働狀態，釀成很大的不安，使世界的和平協調很困難，所以目前的急務，是改善勞働時間的制定，尤其是一天或一週的最長的勞働時間的限定，勞働供給的調節，失業的防止，足夠於支持相當生活的工錢制度，對於勞務傷害及疾病的勞働者的保護，兒童年少者及婦女的保護，對於老年及廢疾的設施，在本國外被使用的勞働的者利益的保護，結社自由的承認，職業及技術教育的組織等。……』

本來，若以爲那樣勞働者保護的規定的產生，只是各國主腦者的愛好和平或人道精神的發露，未免太皮毛了。寧可說是由於戰後勞働者的自覺，團體運動的力量很大，成了資本國家內的一大威脅；又，因過激主義的宣傳，多數民衆惡化了，於國家成立上生了不安，因此政府對他們表同情，在不侵害資本階級的利益的程度內，協議要力求勞働者的向上發展，這不過是一種懷柔手段。

凡爾賽條約的勞働篇在第四百二十七條規定了勞働的一般原則，在『勞働幷不單是商品』的信念之下，表明了那有名的九憲章。締約國因爲有氣候和習俗的不同，及經濟上的機會和產業上的因襲等相差，很難急速地實現一致，但總要盡力去求其適用。

勞働九憲章

(一)勞働是不應當破認作貨物或商品的。

(二)勞働者和雇主同樣有權利爲一切適法的目的而組織團體。

(三)相應於國家和時候，須給與勞働者爲維持生活所必要的工錢。

(四)還沒有實行一天八小時或一禮拜四十八小時的制度的國家，須卽刻採用。

(五)務必要採用包含了禮拜日的一週，至少要有二十四小時的休息時間的制度。

(六)廢止兒童勞働，年少者的勞働，須要有限制，使他們得以繼續受教育，而確保適當的身體發育。

(七)對於有同樣價值的勞働，男女應當得同額的報酬。

(八)各國以法令去定的勞働條件的標準，對於適法地住在國內的一切勞働者，須給以平衡的經濟上的待遇。

(九)各國爲確保勞働者保護的法令的實施，要設置監督的制度，須使婦女亦參加。

實現這些理想的機關是勞働總會。勞働總會是由五十七國的各政府代表者兩名，雇主的代表一名，勞働者的代表一名所構成的；各代表可以帶有兩名(於委員會的議事協定上很占重要的)顧問。總會至少每年在日內瓦開一次；若附議爲勞働理事會及國際勞働事務局所立案了的事項，而可決了那提案時，那麽，再由出席議員的三分之二的名數去決定：

(甲)算作是要使締約國由立法或別的方法去實現決議的『勸告』而寄送。或：

(乙)當作應由締約國批准的『國際條約案』去寄送。

締約國政府，負有將上面的勸告或條約案提出於自國的議會裏而努力實行的義務。又，爲要使政府去履行這義務，可以由民間的團體，要勞働理事會提出抗議，同時，政府亦有對這抗議的異議提出權。

勞働理事會有政府的代表十二名，其中的八名任命於主要產業國的代表，其餘四名，由別國的政府代表被選定。主要產業國是聯盟理事會所決定了的，現在是日本、英國、法國、德國、加拿大、印度、比利時、意大利等八國。其次有代表雇主的總會代表委員六名，和代表勞働者的總會代表委員六名，一共由二十四名所構成。任期是三年。又，一九二五年度的改選期已將理事的人數增加成三十二名。

國際勞働事務局是由勞働理事會所監理的，理事會所任命的局長，負有執行國際勞働局的事務的責任。有報告的職能，爲了國際勞働條件的調和，有各種的調査報告，還要專門地審査總會的討議事項。又，在日、英、法、德、美、意六國各設支局，以求和本部的聯絡，而活動於政府、雇主的團體和勞働組合等之間。

現在來看看勞働總會的成績：自一九一九年十月在華府催開了第一次會議以來，每年有一次開會，在前後七次的總會裏，被採擇或想被採擇的八小時勞働制、失業防止、少年勞働、婦女勞働、災害補償等重要的條約案有二十一個，勸告有二十二個，另外還有無數的決議事項。當然這些在各締約國幷沒有全部批准或成爲法律實現，尤其是日本，是最遲的一國，但在不遠的將來，大概都會成爲勞働條件的改善，和增進勞働階級的利益及幸福的東西而現出來。

日本是國際聯盟的加入國，自第一次勞働總會以來，依從規定參加了，而且派了代表，但關於雇主團體及勞働團體的代表的選出問題，尤其是關於後者，每次選出的時候，政府和民間團體就起紛爭，因此自第一次到第五次的總會，常在會議的席上議論日本勞働代表的資格。但後來政府別有想頭，所以從第六次總會起，將選舉權給與了組織勞働者的團體。

六　各種國際的發展

勞働者們自己的國際解放運動的『國際』的歷史很久。現在雖不存在，最初的勞働者的國際團體，是在十九世紀的中葉，由社會主義的祖馬克斯和他的好朋友恩格斯發起於倫敦，不久卽成立了的第一國際（The First International），這第一國際存在了約有二十年，後來因內部發生了主義的不同，終於瓦解了。但當時各國的組織勞働組合，都沒有和現在一樣地發達，所以第一國際幷不是勞働組合的國際聯合機關，寧可說是各國勞働者的政治團體。卽看牠後來發達的歷史，勞働組合的國際聯合運動，比勞働者各個人的那個還更緩漫。因爲，關於勞働組合，各國的法制及組合發達的經路很不相同，所以不能向國際運動均等地發育；又因爲各國有力的勞働組合的幹部中，參加於已經組織了的社會主義者的國際政治運動的很多，所以覺得沒有起國際新運動的必要。

現在，有政治上的目的的勞働者的國際運動，是第二國際（穩健派）和第三國際（過激派），會員有幾千萬人，是國際的一大勢力，但這裏沒有敍述的餘裕。只能關於現存的勞動組合的國際運動，介紹兩三個主要的。

勞動組合是想在經濟方面去改善勞働者的地位的，必須和以政治的鬥爭爲目的的政黨的行動不同。從這見地，勞働組合的國際會議，於一八九七年才在瑞士的趨裏奚催開了。這會議的目的是促進勞働者保護立法的。出席的有英、法、德、奧、匈、意、美、比等十五國，三百九十一人。

這會議所決議的事項是：

（一）以禮拜日爲休日。

(二)對於婦女勞働者，要以禮拜六爲半休日。

(三)禁止沒有滿十五歲者的勞働。

(四)限制勞働時間爲八小時。

(五)將婦女勞働時間定爲一週四十四小時。

(六)限制於工業上有害的原料的使用。

(七)除了特別情形禁止夜晚勞働。

(八)限制家庭工業。

(九)在分娩前後，須給與九個禮拜的休業，在這期間內，要支給扶助金。

(十)對於男女同樣的勞働，應給同樣的工錢。

這和國際聯盟的勞働九憲章裏的很相符合。

這會議叫作『勞働者保護國際會議』(The International Congress for the Protection of Labour)。

後來漸次發展，到一九一一年，前後開了七次會議。第八次是一九一三年在瑞士的趨里奚開的，次年就組織了國際勞働組合聯合會（International Federation of Trade Unions）。當時除了歐洲各國的勞働組合中央團體，美國勞働聯合會亦參加了，國數有二十個以上，人數有七百三十幾萬。

這聯合會的目的是求各國勞働組合的互相協力，當經濟上的勞働爭議的時候，給以財政的援助和交換各國內組合運動的報告等；實際上亦收了相當的效果。

世界大戰勃發時，社會主義者的國際瓦解了，正和分成兩敵國一樣，勞働組合聯合會亦分成聯合國方面和同盟國方面，完全失了聯絡。當戰爭終結了，一九一九年七月在阿姆斯脫丹催開了戰後再建的大會，參加的有英、德、法、奥、荷、比、瑞士、丹、瑞典、拿威、盧森堡、捷克、西班牙、美國等十四國，人數上了一千七百萬。

若依當時所作成的會則，各國勞働組合須經由那中央團體才可以加盟；規定每隔一年的秋季開定期總會。又，戰後聯合會的政策竟主張對抗特權階級的反動政策，對於資本主義和帝國主義亦積極地反抗，對同盟罷工亦取了鬥爭的態度，這是値得注意的變化。

又，這國際勞働組合聯合會和第二國際是同色彩的，一個人兼加入這兩者的很多。戰後，這聯合會就以本部的所在地的名爲名叫作『阿姆斯脫丹』同盟。

還有和社會主義者的第三國際站在同樣立場上的赤色勞働組合國際；或將牠叫作莫斯科派。一九二〇年七月創立於莫斯科，以俄國的勞働組合爲主，包含有法、德、意、捷克等的左翼派的少數。在俄國共產黨的支配之下，和前面說過的阿姆斯脫丹同盟或國際聯盟等的主義政策完全相反。

國際基督教勞働組合聯合會（International Confederation of Christian Trade Unions）是大戰後中歐各國的運動所激成的，一九二〇年六月在黑格開了創立總會。集合了德、法、比、與等十國二百六十萬勞働者的代表九十八名，議決了會的綱領。因爲是教徒的團體，所以排斥暴力，主張只由立法的手段，去使勞働者的經濟社會地位的向上。

另外，還有很早就存在的各種產業的勞働組合國際；但和阿姆斯脫丹同盟的傾向相同，而且亦有加入了那同盟的。

七 國際勞働運動的現在及將來

我們在上面敍述了一下由各國政府及民間那兩者所企圖的國際勞働運動的概略。兩者的前途却還有許多困難。代表世界最太的兩方面的主義的美國和俄國，沒有加入國際勞働總會，這是一個大缺陷；既是政府的計畫，當然所決議的亦很穩和，政府和資本家多戰在同樣的立場上，所以代表的票決數成爲三對一，而且還要經過各國的批推才能發揮實際的效果。勞働組合的國際，由於各國的勞働立法發達的程度，多限制了加盟的自由或可能性，常在政府的權限之下被監視，連絡上亦因爲是民間的運動，所以很感困難。又，和會在大戰勃發當時經驗過的一樣，有時那團結力非常薄弱。

尤其在日本，幷沒有勞働組合運動的中央團體，只好利用國際聯盟的機關去求勞働者的地位改善。

總之，有世界大多數的勞働階級的國際機關，無論在經濟上看來，或通商上看來，那發展是應當獎勵的，卽使不能立刻收很大的效果，但眼光要放遠一點，先從根本人格的陶冶出發，然後進向世界改造的大目的去。

第十四章　最近的國內問題

要了解世界大戰後的日本國情，須先要曉得世界形勢的推移；所以我們在第十一章以來幾乎完全是說些沒有關係的國外的問題。

戰後，日本是所謂五大國之一，對於各方面的世界的問題，例如國際聯盟及別的會議，都派代表出席；關於這些問題或事件，明明受了直接或間接的影響。戰後的日本，在世界的外交舞臺上活動着，和歐美各國的交通往來，一天一天地頻繁；結果，國土雖依然是遠東的一島國，但事實上，是和在歐洲的中央同樣地，對於世界的問題很敏感。

所以在本章想要研究日本國內的各種問題，看看牠怎樣向着世界文化進步開展。

一　受了戰爭的影響的日本經濟的膨漲及其反動，各方面的無產階級的民主主義的運動

最初且來觀察一下受了戰爭的影響而起的各種社會問題及各種社會運動的內容。

世界大戰給了日本經濟界的影響很大，是不消說的；日本雖亦算是大戰參加國，對德國宣了戰，但比起歐洲的主要交戰國來，幾乎沒有犧牲什麼就達到了目的。那四五年的大部分，日本是和美國的立場差不多，只是對於聯合國的軍需品或生活必要品的輸出國。

所以，若從經濟上看來，大戰倒使日本的產業繁盛，招來國家經濟的大膨漲，一時產生了許多的大小財主。資本家因此就去海外開拓新版路，興起新事業，收很大的利益，過豪奢的生活。牠方，勞働階級亦同樣受了好景況的影響，工錢很高；一時，生活得到點餘裕，但爲了貨幣的膨漲和外國貿易的隆盛，物價空前地昂貴了，生活又困難起來，結果要求待遇改善的勞働爭議，亦一年年地增加了。

日本船舶的噸數，在大正三年是一百六十萬噸，從大正四年到七年就增加到二百四十萬噸；戰爭的結果，爲要應國內的需要而興起的染料、曹達、加里等的製造事業，在大正三年資本金只有一千萬圓，但戰爭中竟到了三萬萬五千六百萬圓，增加到三十五倍。

物價亦增加成幾倍。

大正三年到大正九年的勞働爭議數，在大阪府下的統計裏是：

年次	件數	參加人員
大正三年	一〇	四九〇
大正四年	一二	八七一
大正五年	二〇	一，四八九
大正六年	三八	二，五五四
大正七年	二九	三，三七九
大正八年	二八六	六五，七三九
大正九年	九七	一二，七一七

生活在資本家的恩惠裏的勞働者們，卽在日本空前的好景況時代，亦還很難得到生活的安定。最明白的事實，是大正七年八月全國勃發了米暴動。

米騷動是日本的社會問題中最有意義的全國騷擾；給與勞働界的影響非常大。總之，這是大多數的國民對那些故意用種種方法去使米價騰貴想貪暴富的投機者們的反抗。由多數勞働階級的血汗所獲得的東西，多被那些過奢華遊惰生活的資本家所壟斷，不久就釀成了對於富者們的敵意。

大正七年，政府鑒於時代的趨勢，發了『暴利取締令』，又講究了輸入外米，使能廉價地供給等種種方策，但大勢是沒有辦法的。米價越弄越貴，販賣所亦終於停止了。正好關西各地方起了大暴風雨，被害非常大，又，八月二日和英美一樣亦宣言西伯利亞出兵對俄干涉，形勢越更壞了。

七月八日大阪堂島的米的市價是二十九圓十錢，到八月七日就漲成四十三圓二十錢；白米一升要五十錢以上，而且在小賣商的舖子的，漸次連白米的影子都沒有了。

大正七年八月三日，富山縣中新川郡西水橋町的漁夫等約三百人去到米店裏，禁止該地的米的糶出，於六日竟有兩千多人的婦女團體去大鬧米店。主婦們最痛感米的缺乏，當這行動傳到報上時，有同感的民衆，就以這爲導火線而爆發了。

在岡山、高松、京都、大阪、神戶、廣島、名古屋、東京等全國的大小都市不上十天，就都發了戒嚴令，軍隊亦出動，正和內亂勃發一樣。

大暴動延及三府三十幾縣（按日本全國只有三府四十三縣），爲了騷擾罪被罰的有四千二百二十一人，殺傷六十一人，強盜二百六十八人，此外還有放火，建築物破壞，脅迫等約有八千人的犧牲者。

從來在日本發生的暴動，多是東京市或別的兩三個大都市的民衆因憤激於政治上的問題而起，和無產階級是沒有關係的；但這次的騷擾，完全是經濟上的原因，是無產者爲了生活問題的行動，是階級的鬥爭。政府及富豪階級對於新勃興的無產者的社會實力的恐怖，是當然的。所以後來，從三井，三菱起，全國各地的富豪爭着捐款，政府當局亦用全力去施行社會政策的設施。

大正八年的勞働界，是多事的時代。俄國和中歐各國的革命步步成功，世界的無産者擡頭了，這事刺激了日本的勞働階級，而且歐洲在大戰後又提倡了新民主主義，是要生出新社會秩序來的形勢。

還年，在日本發生了無數的勞働組合，同盟罷工的次數竟到了四百九十七件。其中主要的是八月在東京的十六個報社的職工大罷業和九月神戶川崎造船所的職工一萬六千七百人的同盟怠業。還有在本年應注意的是，從來是協調主義的友愛會，忽然改變了方針而成爲以爭鬥爲本位的團體；財團法人協調會亦産生於本年。

八月卅一日，友愛會在七週年紀念大會裏，改稱爲大日本勞働總同盟友愛會，發表二十條新主張。

協調會是牠的發起人德川家達、淸浦奎吾、澁澤榮一、大岡育造、床次竹次郎等人所協議的結果而生出來的，以『求事業主和勞務者的協調』的目的而成立的，但牠的中心人物多是資本家及特權階級，想進行社會政策的，當時已經被一般勞働界看作完全是資本家的機關。又因第一次國際勞働會議的勞働代表選出事，主要的勞働組合都聯合攻擊了政府，因此亦給了一般的勞働運動以很強的刺激。

大正九年三月，日本經濟界起了大搖動，續出了事業減少，破產，休業等，勞働界亦起了大不安。以前很隆盛的組合運動亦衰沈了。

當時，自大逆事件以來，在地平線下的社會主義運動，被世界的改造運動的刺戟和日本勞働運動的勃與所促起，亦漸次現出一點生氣來。同年十二月，友愛會信友會等勞働組合的幹部，互相糾合，堺利彥、山川均、荒畑寒村、高畠素元等社會主義者組織了日本社會主義同盟。在東京前後開了兩次大會，兩次都因受了政府的強烈的壓迫，而不得推行，大正十年終於被解散了。一方，在大阪由今井嘉幸、賀川豐彥、尾崎行雄等組織了普選期成關西勞働聯盟，舉行普選運動，在東京舉行了。五月一日，爲最初的勞働祭的示威運動，組織了勞働組合同盟會，這是向共同戰線的第一步，值得注目的。

大正十年，勞働組合竟到了七十一個。這年有神户三菱及川崎造船所的大同盟罷工，參加人數有三萬五千，罷工的日數有四十五天，結果是勞働者的慘敗，但因此得以向天下表示了有團結的無產者的威力。

從這時代起，勞働運動界漸次赤化，戰後的民主思想都輸入了，組合内受了感化，亦現出急進分子來；尤其是在關東，產業革命主義的一派擡頭了，但支配勞働者最有力的是過激主義思想。卽在友愛會的中央委員會裏，亦排斥議會主義，而主張直接行動。又，同會決定了今後改名爲日本勞働總同盟。

到了大正十一年，日本經濟界的景況更壞了，事業界的沈滯，自然帶來許多失業的，勞働條件只有成爲更苛酷，勞動運動界非常困難。

九月卅一日在大阪天王寺公會堂開了勞働組合總聯合創立大會。若這會成功了，實是在日本勞働界劃一新時期的。當時日本的勞働界奉自由聯合主義的組合，有關東勞働組合同盟，機械勞働組合聯合及關西勞働組合同盟等，牠方還有以合同主義而計畫總聯合的勞働總同盟。這兩派若完全提攜起來，是會現出一大勢力來的，但很困難；主義上思想上多年反目互不相容的兩派，一旦完全握手，是不可能的。

參加的代議員一百零六名，代表五十九個團體，另外還有堺利彥、山川均、大杉榮等社會主義者傍聽，援助和自己有關係的組合，開會前已經很緊張；開會後議論百出，幷不進行議事，議員和傍聽者發狂似地，終於被解散了。於是半年的總聯合建設的努力亦空費了，仍原成了兩派的對立。

大正十二年，壞景況的財界亦依然是消沈。兼之，九月一日關東地方所遭的空前的大震災，給了產業界很大的損害，組合運動亦不得不停頓。

當時組織了的山本後藤內閣，排斥從來的保守主義，表明了進步的政綱，約定了普通選舉。

由這些原因，已經萌芽了的勞働運動的方向轉換——即歸返到議會主義，和以現實政策而進的勞働組合主義——更被提倡了。這傾向在大正十三年初，被那（始終主張穩健的議會主義的）英國勞働黨内閣的實現所刺激，更濃厚了。

二月，日本勞働總同盟發表下面一樣的宣言，對日本勞働界指示了新方針，給了勞働界很大影響。這事在日本勞働運動史上是有重大意義的。現在且錄出來·

宣言

現在，我國勞働運運站在最重要的轉換期上。我們之所以在大正十三年大會裏發出本宣言，不只是日本勞働總同盟的運動，而是普遍地在我國勞働運動史上特別帶有重要意義的。

無產階級運動或勞働運動必須注意資本主義的發展階段，和明示那階段的狀態及他們的勢力的變動，而不絕地要變更戰術。

由歐洲大戰所打開了的社會不安的暗影，使資本主義社會的內部矛盾漸漸增大，使牠近於崩壞的危機，同時無產階級的運動很進展了。一方，支配階級正在拚命要維持現存的制度。

……我們若今後還依然繼續舊來的態度，那是大錯。因爲現在我們必須使那政策比從前還要更現實化積極化。……（中略）

我們必須要發揮（一邊在獲得現實的利益，而同時又在進向終局的目的的）勞働組合運動的本來面目。我們自信·醒悟於階級意識裏的戰鬥勞働組合員，即利用支配階級的改良政策亦決不會墮落。（下略）

這宣言給與日本勞働運動界的影響很大，各地的硬派或過激主義的勞働組合，亦多聲明轉換方向。

日本勞働總同盟由於宣言的宗旨，所以在第六次國際勞働會議代表選定上，利用政府的方針的一變，派了代表鈴木文治氏到日內瓦去。

大正十四年三月末，加藤內閣才通過了多數國民所渴望的普通選舉。因此，社會主義及勞働運動各方面又從新講究對策，大多數是傾於普選利用，盡力要作成一種新政黨的樹立新綱領等，待總選舉。

社會主義的團體，新產生了政治研究會和日本費邊協會（費邊協會是社會主義團體，本部在英國）等，各發行有機關雜誌，在糾合同志。

大戰後的民主主義運動，由於普選的通過，達到了第一目的，得到無產政黨的實現，而漸次進向民主主義的黃金時代。

二　全國農民的覺醒和日本農民組合的運動

其次來說一下農民運動。日本農業勞働者的團體的小作組合，從明治初年就存在，但農民對於階級的覺悟，組織小作組合而想擁護自己的地位那層，還是受了大戰中都會裏的勞働運動的刺激，大正六年才漸漸擡頭了的。

封建時代的農民默忍官吏的苛求，甘心於最低限度生活，除了在受饑餓的時候或者會成爲暴動，普通只對地主哀訴苦衷，這是農民運動的全體。

然而時代的推移，對於勞働的報酬的分配很不公平，同時生存權的要求很強，又團集了的實力亦漸漸逼向地主階級。

於是全國千幾百萬的農民開始動作了；想要從長久的忍苦生活裏達到解放的彼岸，他們的階級意識很強烈。而且不像都會勞働者一樣容易妥協。強固地集合了的全國農民組合，有很大的支配實力。

由內務省所調查的小作組合的設立數是：

大正元年——五年	六一
大正六年	三三
大正七年	五一
大正八年	一〇八
大正九年	一〇五
大正十年	三二九

大正十一年總數是六百七十九，有十萬七千多組合員；大正十二年竟有一、三四〇的小

作組合。

現在代表日本農民運動的全國大同團結機關是日本農民組合。此外還有日本農民總同盟，但牠的活動沒有什麼可注目的。

日本農民組合，大正十一年四月在神户開了創立大會。杉山元治郎，賀川豐彥，村島歸元氏等是幹事，決議了下面的綱領：

(一)我們農民修養智識，研究技術，涵養德性，享受農村生活，以期農村文化的完成。

(二)我們由互相扶助，而謀農村生活的向上。

(三)我們農民用穩健合理的方法，而求達到共同的理想。

在創立當時，參加這組合的，雖只不過六十幾名，但大正十二年二月加入者擴大到十四縣，有八十五個支部，約有一萬組合員。到了大正十三年二月，支部有三百三十多，組合員竟有三萬五千多。那發展的速度實在可驚，由此可以知道那些被虐待了的農業勞働者的生活狀態。

大正十一年二月設立了日本農民組合關東同盟，會長是鈴木文治氏，統率了關東各支部。於是這成爲日本勞働總同盟的友誼團體，築設了強固的地盤。

最近爲準備普通選舉，正在計畫農民的無產政黨組織；牠方爲了農業自治體上的級別撤廢，正要舉行町村會議員選舉，全國選出許多組合員去候補，想得到一大勢力。大正十四年二月在東京開的第四次組合大會裏，四百人的代表者代表六萬多農民聚會一堂，組合的基礎漸漸更強固了。

三　水平社的全國的新解放運動

明治四年八月發布了『穢多非人廢止令』，解放了特殊部落民，這事已在第二章詳述過。那麼，應當已沒有所謂特殊民了，但事實上決不這樣。纏繞人類的因襲力，是很難用一片的法令去打破的；政治的解放不能透徹到經濟和社會的解放。一切差別待遇、壓迫、排斥和拒絕等依然加上部落民上，他們不得不過舊來的悲痛生活。

大正七年的米騷動以來，內務省留意於特殊民問題，通告部落改善的計畫於各府縣後，全國各府縣施行了公私的改善。但這些都不是能使那些部落民滿足的。受了大戰後世界的解放運動的影響，於是部落民亦企圖自主解放運動，勢力忽遍於全國，成爲日本的社會運動中很重要的。

部落民的自主解放運動是從大正八年就策謀着；大正十一年三月三日在京都岡崎公會堂開了水平社創立大會。當日參集的有京都的八百名，大阪、奈良、和歌山、滋賀、三重、岡山、兵庫和東京等總數到了一千幾百名。當日決議了下面這綱領：

綱領

(一)由特殊部落民自身的行動，去求絕對解放。

(一)我們特殊部落民絕對地向社會要求經濟的自由，而希望能獲得。

(一)我們覺悟了人間性的原理，而向人類最高的完成突進。

此外，決定了全國各府縣的水平社以京都爲本部，本部選舉中央執行委員長一名，執行委員若干名，每年開兩次大會，召集地方委員會（一次）。

後來的水平運動進行得非常快；四月在京都，琦玉縣、三重縣、五月在奈良縣，漸次開了地方水平社創立大會；還設立了少年少女的水平社。

大正十三年三月在京都開的第三次全國大會時的提案及决議，使人可以知道該社已不單是希求平等解放的運動，而是階級意識很顯明的鬥爭團體了。

四　婦人團體的社會運動

關於婦女的社會運動有前面說過的青鞜社一派，但她們只提些空疎的問題，是沒有生活的責任的小姐們出發於個人主義的，於社會和政治上都沒有什麽關係，不久就消滅了。

世界大戰的結果，各國高調婦女運動，在法律上和政治上，女權擴張到完全平等或幾乎近於平等。日本被這事所刺激，亦勃興了婦女團體的新運動。

大正九年三月出現了新婦人協會，宣言『現在婦女不但只希望婦女自身的教養和那自成的充實，而應由堅固的團結力和男子協力去參加戰後的社會改造的實際運動。』這會是以青鞜社的市川房枝，奧梅等爲中心，是『爲要擁護婦女，爲求其向上進步，爲利益的增進，權利的獲得，而努力想達到目的』的團體。

這運動繼續了兩年多，但因內部不一致，終於解散了。婦人協會的運動，是對議會的請願運動；結果在大正十一年有治安警察法第五條的修正，婦女得到了參加政治集會的權利。

新婦人協會被改成爲婦人聯盟，但幷沒有獨立的健全的主義綱領，不久卽消滅了。

關於婦女社會主義者的團體，大正十年春天成立了赤瀾會。幹部有伊藤野枝、堺真柄等，確信婦女的解放幷不是藉男子的恩惠才成就的，而是由於改革社會組織的根本缺陷而達成的。

但及到牠成爲日本社會主義同盟的婦人部，進到講演，示威運動，出版等活動，爲當局者所強壓，犯罪者屢出，以至於滅亡。

此外，雖還有婦人矯風會和救世軍等廢娼運動，但在議會裏一向沒有被當作重要問題去討論。

大正十三年到十四年，出現了許多婦女團體運動。有婦女參政權獲得期成同盟會和要求教育上的機會均等的女子學生聯盟。這些若將來同健實的方法繼續下去，當然會容認的。

關於無產階級婦女的運動，有大正十三年創立的以無產政黨組成爲目的的政治研究會的婦女部等，都站在強固的基礎上。就日本現在的產業狀態說起來，婦女勞働者比男子的那個還佔重要，有四百萬的多數，今後要團結起來，很容易有日本產業上的統制的實力。只，日本的婦女不知是因爲還沒有自覺或傳統地缺乏社交性，團結力非常薄弱，離合集散無常，所以得到社會的輕蔑。但婦女的社會運動又常是很熱烈的，將來的婦女團體的社會勢力漸漸進展，大概會得到很好的結果。

又，最近有海外的婦人運動，目的是要和男子對抗地在社會上占有地位，要這樣，必須先要有政治上及經濟上的獨立生活。

五　日本的普通選舉法和今後的民衆運動

衆議院議員選舉法的改正是日本政界多年的懸案，是大多數國民所渴望的，大正十四年第五十議會裏，由憲政會內閣提出於議會，經過許多難關，終於通過了兩院，才至於成立。

雖說是普通選舉，并不是全然無限制地給與選舉權，外國亦設有各種各樣。日本的新選舉法完全廢止了納稅資格，這是得以列在世界最進步了的普選國裏去的；但對於婦女完全沒有給與選舉權，則不能不說是落在英、美、德、俄、意、荷、拿等各國的背後。此外由於政治上的理由，而不給與選舉權的，有禁治產者，準禁治產者，破產者，剝奪或停止公權者，應召的軍人，國民志願兵，兵籍編入的學生和貴族戶主等；缺少參政能力的有未成年者，被救恤扶助者和浮浪人。

關於第六條第三項的以『由於貧困，爲了生活而受公私的救助或扶助的』爲缺格者那事，解釋很困難，議論很多。總之，實際上只有任全國的市長村長的裁量。但和貴族院所希望的一樣，解作只有經濟上的獨立生計者才有參政權，則太過於狹義了。這仍原是財產的資格限制，隨公共的社會設施的發達，和下層階級的生活困難的增加，受公私救恤扶助的就許多，因此缺格者的數目亦增加。關於住所的限制，規定要在同一市町村內居住一年以上。

對於上面有資格的，再只要在二十五歲以上和是日本的人民。

據現行法：在人口總數五五，九六三，〇五三人（大正九年國勢調查）之中有三百三十四萬多人（大正十二年十月）的有權者，相當於百分之六。但據新選舉法則有權數增加到一千四百多萬人（百分之二十五）。

在被選舉資格上，學生，神官，神職，僧侶及小學校教員等雖被解放能自由地在議會裏占一席，但華族的戶主或現役的陸海軍軍人等則依然是沒有被選舉資格的，兼職的禁止是和從前一樣。選舉區採用中選舉區制；選舉期間的縮短，不正投票，開票區制及訴訟等新規定，不再詳細說明了。選舉運動費用，候補者亦還要出二千圓的保證金，若得票不滿法定數，就被沒收，這制度於貧乏的候補者是一個大打擊。

新選舉法給與政治上社會上的影響非常大；至少，既成政黨就不能和從來一樣以金權政治始終。又，即組織內閣的時候，若不是政黨本位的責任內閣，那命脈是不能保的。自憲政發布三十幾年以來，那完全不干與政治而將自階級的利益都交給支配階級了的庶民和勞働階級，新得到參政權，能大同團結和壓迫階級對抗，排斥一切直接行動論，超越感情，而準備進向共同戰線。為要和這相對抗，既成政黨亦不得不改過招牌，在新政綱之下去調整陣容。

被壓迫階級的擡頭，政府一邊實施普選，又怕了社會主義黨派的發生，同時制定了含有嚴重的罰則的治安維持法。用這種惡法去取締無產政黨的左傾，這完全反於普通選舉的精神。日本以勞働組合爲基礎的勞働黨或別的無產政黨，決不是立刻能和英國的勞働黨那樣發展的。英國勞働黨之所以得到現在的勢力，是有勞働組合的很長久的歷史。英國是世界的工業國，而且都會勞働者占大多數，日本在事實上還是農業國，以小作及農業勞働者占多數。這中間有很大的差異。

總之，普通選舉實施後的議會，在日本的歷史上開了一新生面的事，是不難想像的。

第十五章　最近的外交問題

一　華盛頓會議——威爾遜氏的預言

世界大戰終結後三年，戰爭的創傷還沒有恢復。然而痛感了因軍備的不充分使戰時費了多大的犧牲的世界各國，更計畫軍備的擴張，例如英美日的海軍競爭，英法的空軍，潛水艇的增大等。

國際聯盟的軍備限制機關雖存在，但沒有拘束各國的力量。尤其是美國幷沒有加入。美國不加入這聯盟，不能干與國際政治，常抱不滿。擁立哈定大總統的共和黨正在企圖什麼集中人望的事。

正好，上院議員波拉氏提出海軍限制案，通過了兩院。而且這是從經濟的立場上主張縮小海軍的，各方面起了很大的反響。

英國關於戰後的對遠東政策，第一就是日英同盟續否的問題。要解決這問題，必須考慮美國的意向；對正要催開國際會議的美國，表了贊意，是當然的。

美國的方針決定了，一九二一年七月十二日對日本有了交涉。接着美國的交涉，日本的議論很沸騰：有些大叫國難來了的，有些感到英美的壓迫而悲觀的，有些主張要以自主的態度去善處的。政府要求明示遠東及太平洋問題討論的範圍。交涉了兩三次，但結局仍沒有明示出範圍來。

一九二一年十一月十一日是歐洲大戰休戰紀念日，在華盛頓郊外阿林唐墓地舉行了無名戰士的葬背式；次日爲協議軍備限制及遠東太平洋的各問題，開了華盛頓會議。

參加的是美、英、日、法、意等所謂五大國和中國、比利時、葡萄牙、荷蘭等，日本派了海軍大臣加藤友三郎爲首席全權，再加上駐美大使幣原喜重郎、德川家達和埴原正直，成爲四全權委員。

現在雖不能詳述會議的經過曲折等，但要摘錄一點到次年二月六日的八十六日間所決定了的重要項目的內容。

海軍限制條約

本條約分爲三章，第一章二十條是一般規定，第二章是關於實施的四節的細則，第三章是由四條雜則成的。

第一章的重要部分是：

第一，五大國爲希望世界的永久和平和國費的減輕，而締結本條約協定海軍制限。

第二，五大國自本協定調印之日起，十年間，要休止主力艦的建造；但美國目下正在建造中的威斯特和勿基尼亞那兩隻及英國不超過三萬五千噸的新主力艦兩隻的建造是例外，但因此美國須廢棄舊艦兩隻，英國須廢棄舊艦四隻；又，法意兩國從一九二七年起可以着手於代艦的補充建造。

第三，五大國的海軍比率規定如下：

英國　五十二萬五千噸
美國　五十二萬五千噸
日本　三十一萬五千噸
法國　十七萬五千噸
意國　十七萬五千噸

第五，主力艦的噸數不得超過三萬五千噸，主砲不得超過十六吋。

第六，航空母艦數比率原則如下：

英國　十三萬五千噸
美國　十三萬五千噸
日本　八萬一千噸
法國　六萬噸
意國　六萬噸

(一)航空母艦的噸數不得超過二萬七千噸。

(二)主力艦以外的艦艇的噸數不得過一萬噸，主砲不得過八時。

其次，關於太平洋防備限制的協定，容了日本代表的主張，大體是這樣決定了：

(一)在美國的制限外的，是美國本土、爪哇、阿拉斯卡、巴拿馬及附近的各島嶼，但阿柳香諸島是屬於制限範圍內。

(二)英國可以制限東經一百十度以東的領土；加拿大、澳洲、新錫蘭在外。

(三)受日本領土的制限的地域是千島、小笠原島、奄美大島、冲繩、臺灣、澎湖列島等。

關於遠東及太平洋問題的四國協定，是日英同盟的墳墓，是會議的主要成果之一。和這相關聯的國家，本只是日英美三國，但從國際的信誼上，加上了法國。

四國協約。

亞美利加合衆國，大不列顛國，法蘭西國和日本國爲要確保太平洋全局的和平，和維持在同地域的四國的權利，而締結了下面這協約：

第一條，締約國約好要互相尊重太平洋方面的島嶼屬地及領地的各目的權利；若在任何締約國之間，起因於太平洋問題，發生關於前記的權利的爭議，不能由外交手段得到滿足的解決，而且有影響到現在的圓滿的協調時，該締約國須求別的締約國的共同會商，而去考量調整該事件全部。

第二條，若前記的權利由於締約國以外的國家的侵略行為，而被脅迫的時候，締約國應互相沒有隔意地交涉，以期得到一種諒解，能為應急而共同地或各自地取最有效的措置

第三條，本協約從實施的時候起，有十年效力，而且滿期後，若締約國都沒有在十二個月以前用豫告去聲明終了，則仍原繼續有效。

第四條，本協約依從締約國的憲法上的手續，務須趕快批準，而且從將在華盛頓執行的批准書寄託的時候起要實施。

一九二一年七月十三日在倫敦締結了的日英間的協約就此終了。

關於這協約發生了一個問題；即，第一條的『太平洋方面的島嶼屬地及領地』那句裏，到底包含了日本本土與否，美國解作是包含了；在日本有些人以爲這是侵犯主權的，是國恥；終於決定了解釋作本土除外。

其次是南洋的日本委任統治區域裏的亞普島的問題，美國在巴黎和會裏，已經對於該島歸爲日本領有的事，提出了抗議，但這時候算作太平洋問題，想在兩國間去解決。亞普島問題之所以被看作很重要，因爲該島是海底電線的中繼地。若美國領有該島，則日本不能接受南洋的直接通信；這在軍事上亦有重大關係。

兩國商議的結果：日本保有該島的管理權，但美國得到電信以自由使用權。所以海底電線就成爲這樣：

亞普　瓜姆間　美國

亞普　上海間　日本

亞普　　末拉德間　　荷蘭

遠東問題的討議事項，大體是要限定日本在中國的勢力，和解決山東問題。

於是由於美國全權休士氏的發案，締結了關於中國的九國間的條約。要點如下：

第一，中國以外的各締約國這樣約好：

(一)應尊重中國主權的獨立和領土行政的保全。

(二)對於中國的樹立和維持有力而且安固的政府，應給與最完全而沒有障礙的機會。

(三)應努力於維持在中國的全領土的各國民的共商業上的機會均等主義。

(四)應當不因為要獲得減少友國市民的權利的特殊權利或特典，而利用中國的政情和支持防害友國安寧的行為。

第二，締約國不得互相間，或各自，或和共同的別一國，或幾國相締結，違背或有害於前項說明了的原則的任何條約，協定或了解。

第三，中國以外的各締約國，要爲各國民的工商業，使在中國的門戶開放或機會均等主義更有效地適用，而約定如下：

（A。B．略）

第四，締約國約定不得支持由各自國民間的約定，而在中國領土的一定地方去創定勢力範圍，或規定排他的機會。

第五，中國政府要約好通全中國的鐵路，不問是什麼種類，不得由不公平的差別待遇。

第六，中國以外的締約國，在中國所不參加的將來的戰爭中，須完全尊重中國的當作中立國應享的權利，中國在中立國的境遇裏，須遵守中立義務。

第七，締約國約定，若有一國關於本條約規定的適用問題，認爲可以討論的時候，隨時都可以在關係締約國間去交涉。

第八略

其次，在中日間交涉了山東問題。前面已說過，自歐戰以來，山東問題經過了八年，現在才在美國作最後的交涉。結果無條件附還給中國。但還有關於膠洲灣租借地的公有財產的處理方法，駐屯軍的撤退，青島海關的處理，膠濟鐵路的處分，山東鐵路的延長，鑛山租借地的開放，鹽田的處分，海底電線，無線電等的詳細的規定。

才開會議的時候，威爾遜說：

『這次集合於華盛頓以軍備限制爲名目而開的會議，或許會成爲人類歷史上很顯著的一事件；這會議或許會在人類社會的事業上劃一轉換期；亦許會成爲要防止圍繞着我們種族的災厄和破滅的最後的失策，而留下在記錄上。』

這預言并沒有說中。但海軍限制和太平洋和平保持，亦達到了某種程度的目的，締約國所受的利益，不能不承認。關於中國問題的給與將來的影響，有更重大的。日英同盟廢棄，很明白是美國的第一目的，結果，在中國得到了和日本同等的地位，這是美國的大成功。我們不願將這會議解作是美國爲要成就這目的，借了和平人道的名，添上軍備限制，而召集的。但只要精細地觀察一下以後的日美外交關係，和現出於對中國問題上的美國的態度，就可以知道和牠在會議以前聲明了的人道的立場相矛盾的地方之多，和符合於威爾遜的預言的後段之多，這是件遺憾的事。

二　日美移民問題——日本移住民迫害的歷史，最近的排日移民法案

從日本移住向美國的最初，是在明治二年，荷蘭的歸化人兼幕臣的松平斯劣爾爲想發掘金鑛，帶了四十八到美國去的。後來每年都有些移住者；中日戰爭後，海外很發展，明治三十二年的移民數是二千八百四十四人，次年竟一躍而增加到一萬二千六百三十五人。那時候才引起美國人的注意，曾在舊金山開排日市民大會，決議了排日。

日本的移住民是在爪哇和以加州爲中心的太平洋沿岸從事於勞働；那裏的農業和產

業的繁榮，亦得益於日本人不少。

然而在美國的排日思想運動，一年比一年激烈了，最近拒絕日本人的歸化權，現在又由於禁止沒有歸化權的人種的移入，而想達到排日的目的。美國排日運動的經過是這樣：

一九〇〇年（明治三十三年）在舊金山排日派市民大會裏，排日決議通過。

一九〇一年，一月加尔福尼亞州的知事將排日的命令書送到州會裏去。州會可決了日本移民限制的建議案，於是又送到中央會議；這是加州排日決議的起始。

一九〇三年在支加哥開的美國勞働組合大會，決議日本人問題的調查。

一九〇五年，在舊金山成立了日韓人排斥協會。

一九〇六年，十月，舊金山學務局爲日本人的學童議決設立隔離學校，起始發生日美間的公式交涉案件。

一九〇七年，當作學童排斥中止的交換條件，日本政府同意於爪哇的日本人的大陸轉航禁止。（由於大總統羅斯福的斡旋。）

同年，約定日本的移民自制的紳士協約成立。

又，日本人土地所有權禁止法案，起初發議於加州的州會上，下院通過後，由大總統羅氏的干涉而阻止了。

一九〇九年，日本人土地所有權禁止案又提出於加州議會，羅氏又阻止了。

一九一一年，日本人土地所有權禁止案第三次現於加州議會裏，爲大總統達福德所阻止。

一九一三年，日本人土地所有權禁止案第四次提出於加州議會，大總統威爾遜雖想干涉，但沒有成功；同年五月十九日才成立了日本人土地所有權禁止和借地權限制的法律。

四月日本政府使珍田大使向美國政府抗議。

一九一五年，包含有禁止不能歸化的外國人移民的條項的移民法案提出於美國議會，叫作巴劣特法案，沒有成立。

一九一七年，同上法案再現於美國議會，爲鑑於外交情形而被削除。
一九二〇年（大正九年）十一月，加州又由於一般人民的投票而通過排日法案，完全禁止日人的借地權，而且不得爲美國生的子女的監督者。
一九二一年，三月，華盛頓州會通過了以日本人的所有權禁止爲目的的外國人土地法。
一九二二年，加州高等法院對禁止日本人父母的美國產子女的監督的州法，宣告無效，日本人大快活。
同年十一月，美國大審院下了日本人的沒有歸化權的判決。
一九二三年六月，在加州成立了禁止依據日本人的收穫分配契約的耕作的法律。同年十一月美國大審院將加州及華盛頓州的排日土地法判決爲有效。
一九二四年四月，美國議會通過了移民法案，包含有禁止不能歸化的外國移民條項。

日本政府自締結紳士協約以來，漸漸自主地限制移住，但美國人對於該協約的不滿，一年比一年更甚；因爲雖紳士協約存在，日本人仍原可以入國；對於日本，因有了該協約，所以不能適用正在適用於牠國的移民比例限制法（對於歐洲人，在一八九〇年許可相當於在美人數的百分之二的移民）；又，不安於將移民限制的程度依任於日本政府。結果成爲一九二四年的排日法案而出現，想將從來各州內的問題在中央議會裏去決議，而徹底地達到排日目的。這從日本看起來，關於美國移住雖是致命的，但國家體面上的問題比實際上的影響還更重要，對於日人給與那樣的差別待遇，是對日本加了一個重大的侮辱，有害於從來的日美親交的。所以駐美大使埴原正直於四月十日在上院的排日法案討議之先就寄送關於移民問題的公表於美國國務長官休士，說明日本政府正在忠實地遵守紳士協約；說結局這次的移民法案『不過是排斥一年一百四十六名的日本人入國』；而希望『從來於國際關係上是立脚於正義和公正的高尙主義的美國，不要只爲排斥一年一百四十六名的日本人而重傷友邦國民的自尊心。』最後還說若排日法案成立了，則會

「對於兩國間的幸福，和互相有利的關係，誘致重大的結果來。」

這抗議文由國務院送到上院去。上院關於排日法案的形勢，似乎比下院要多少於日本有利一點，但自上面那埴原通牒公表了，形勢忽然一變，有些人以爲是用「重大的結果」（Grave Consequence）的一句去包含『覆面的威嚇』，所以竟絕對多數地可決了那含有排日條項的移民法案。

日本的輿論對於這事很沸騰，各方面的團體決議反對，還有打電報給美國政府，大總統及其他的，用各種的方法去抗議，希望阻止新移民法案。

許多國際機關是不消說，各外國的新聞紙或美國內的一部，亦多認爲這次的移民法案是不對，是反國際禮儀的，而表同情於日本。

然而，排日法案在五月十五日，上下兩院都可決了美國兩院協議會的報告，十七日送到大總統處，二十六日由大總統顧理治署了名，於此，含有排日條項的新移民法就完全成立了，定爲自一九二五年七月一日起有效。

日本雖亦議論對策或解決策等，從軟硬各種立場發表了各種意見；但解決的鍵是存在於美國的態度怎樣；只有兩條路可以轉換：或素來是正義公平的美國的自覺，或日本把持有強壓美國的實力。

我們不是爲日美戰爭而叫臥薪嘗膽；但人類的道德觀念和國際信義既是這樣，想要和世界各國比肩地繼續去競爭，則國民不得不要一致團結地努力去養成國家的實力，築成強固的基礎。

三　日俄國交的恢復——日俄交涉的歷史，最近的交涉成立

一九一七年俄國大革命的成功，和俄德單獨講和條約成立之後，聯合各國對俄武力干涉，而援助了反過激派軍。日本亦幫了契克族和斯洛瓦克族的西伯利亞駐屯軍，使反過激派的惡姆斯克政府統一俄國（尤其是西伯利亞），大正七年由寺內內閣出兵於西伯利亞。但次年惡姆斯克政府倒了，契克軍敗退，而且在尼可賴夫斯克港日本人及駐在的

兵都被巴爾梯贊的一派人虐殺了。於是日本又另外增兵，在大正九年六月，解除了過激派軍的武裝，和保證占領了北樺太及對岸的薩加連洲。後來俄國樹立了遠東共和國，日本才漸次撤兵；大正十年八月就在大連和遠東共和國代表開始日俄最初的交涉。

會議繼續到大正十一年四月，但交涉終於沒有成立。卽，俄國方面以通信連絡的不便爲理由，想將會議地轉到赤塔去，主張要將通商和撤兵的兩問題同時解决，日本則主張要先將通商問題解决，然後去議佔領地撤兵的事，兩不相讓，會議終於决裂。

同年九月郁費和松平恆雄兩代表會於長春，再開始了交涉，但俄國不承認北樺太駐兵是尼港的解决保障占領，想暫不問尼港事件，而求樺太撤兵的日期，但日本很強硬地不答應，會商又於三十日决裂了。

大正十二年六月由於後藤子爵的斡旋，乘着駐中國的俄國代表郁費氏來日的機會，和川上俊彥開了非公式預備會議，盡力交涉，但尼港事件的解决越弄越困難，日俄會議的將來很不能樂觀。

及到同年九月日本的關東大震災時，駐中國的代表加拉罕對日本的芳澤公使，深表同情，以這為端緒，才進向預備交涉。十三年二月十二日以後的兩禮拜，浦鹽的俄國官吏，發了否認日本領事的資格的通牒，停止日俄郵便，又，莫斯科政府命令在俄的日本通信員退去。在浦鹽的日本文武官亦被逮捕監禁。為這問題又鬧了很久。到五月進到正式預備交涉，先後交涉了六十多次，才解決了多年的懸案，兩國國交亦因此恢復了。

一月二十日在北京調印了的日俄條約，經了樞密院的討論，於二月二十五日批准完畢，次日公佈了。這名為「關於日本國及蘇維埃社會主義共和國聯邦間的關係的基本法則的條約。」

這條約的有關於日本的結果是：第一，日本外交政策上要和俄國親善，是明治時代以來的懸案，其間勃發了種種事件，這回兩國間的新關係將來會更發展到政治上及經濟上去。由這條約而獲得了北樺太的石油採掘權，同時還得到附近一帶的漁權，這不得不說是大成功。

其次，對於俄國的債權三萬萬多及西伯利亞出兵的損害賠償等都保留作將來的問題，但即在俄國方面亦爲了列國的干涉政策而費了很大的犧牲，這亦有考慮的必要，是應當將來和聯合國一同解决的問題。

關於尼港事件，和樺太問題分離，只要『蘇維埃政府誠懇地表示遺憾』。於是駐屯在亞列山德洛斯克的薩加連軍司令官井上中將布告占領解除；一到冰解的時候，就開始輸送回國。

禁止宣傳，是兩國最重要的問題，日本爲了一部分怕了赤化的論者，使對俄的交涉幾次成爲困難。又，從他們方面說起來，日本對白衞軍援助，是於遠東的政治統一上，常没有離念頭的問題。

第十六章　結論

一　對於日本現狀的國民的覺悟和將來的發展

明治維新以來只六十年，在這六十年間，囘顧一下日本國勢進展的足跡，沒有不爲之驚嘆的。這固然是國家的傳統和國民的協力所賜，但時代的環境和周圍的情形，亦不得不要十分考慮一下。明治以來直到現今，日本的國運是處於順境，是站在容易發展的地位上。

世界是變化着的，決不會永續在同樣的狀態裏。日本要在戰後的國際競爭場裏活躍，不得不整正新陣容。

自大正九年的大恐慌以來，日本經濟界常陷於不振的狀態裏。對外國的匯兌價格下落，物價騰貴，輸入屢超過輸出。而且，爲了大正十二年關東方面的大震災，國富的十分之一以上化爲烏有。若沒有國民的覺悟，定會遭遇經濟上的亡國的悲運。政府亦先就着手於財政，限制國費的膨漲。當時國民的一部（卽那些所謂有餘裕的階級）要戒奢侈，排斥誘起物價的騰貴的奢華，不做不勞而得大利的不道德。

國內產業的開發是不消說，各製造工場內的組織設備，亦要注意；與其說事業的擴張，不如注意於能率的增進。中日戰爭後，日本的產業，各方面都開拓了，現在無論什麽新事業很難以自創的內容和計畫而得到效果。將粗製品用廉價賣到海外去，是從前的夢；這種事自有後進國去做，今後須要以精製品去博聲價。

總之，在經濟的基礎上，在國富的一點上，世界強國中最貧弱的日本，必須永遠質素勤勉，以產業爲立國之本去養成實力。

政治界由於最近的選舉法改正，開了一新生面。漸次矯正了憲政發布以來的特權階級政治，終於展向民衆輿論的政治的進路。

政黨的腐敗，毒害了國家國民不少。公明正大的立憲政治，要由健全的政黨的出現才有希望；既成政黨亦須捨了私心私慾，去求國民的福康。

無產階級獲得了參政權，在議會裏幷不是爲了階級鬥爭的，應當解作是爲了要國民公平地在政治上相提攜，使他們都能發表意見，大家協同去運用國政。日本的現狀沒有以階級鬥爭爲事和爭奪政權的餘裕。想以階級的敵心去擁護自己階級，最使人痛感到必終於 Gemeinsamen Untergang der Kämpfenden Klassen（戰鬥階級的共同的滅亡）的國家的前途。

將這問題從社會上想起來亦是同樣；奉從直接行動的一部的階級，應當覺悟到有須暫將那鬥爭心轉向國外的敵人的必要。但我們決不是資本家的辯護者。招來日本現今的國難的，多是資本階級的罪。他們在戰爭當時以來的發財熱，助長了一般社會的弛緩和輕佻浮華，爲圖暴利而忽視國民的困難，口裏叫着溫情，實際上冷待勞働者，只顧搾取。資本家或有產階級若不改變態度，則國民的思想會更惡化，終於不可挽救。促起他們的覺悟，是目前的急務。

敬啟

『民國專題史』叢書，乃民國時期出版的著名學者、專家在某一專題領域的學術成果。所收圖書絕大部分著作權已進入公有領域，但仍有極少圖書著作權還在保護期内，需按相關要求支付著作權人或繼承人報酬。因未能全部聯系到相關著作權人，請見到此説明者及時與河南人民出版社聯系。

聯系人　楊光
聯系電話　0371-65788063